最強の
Web
マーケティング

高原英実
Takahara Hidemi

幻冬舎MC

最強のWebマーケティング

はじめに

　Webマーケティングの課題として、「集客まではある程度できているのだが、そこから先になかなかつながらない」という企業が増えている。ここで注目すべきなのは、「そこから先」が、現在ではかなり幅広いものとなったということだ。その背景としては、Webマーケティングで最も重要とされる指標が変わったことが挙げられる。

　以前は、コンバージョンに関わる指標が重視されていた。コンバージョンとは、問い合わせや購買といった顧客の行動変容のことを指す。具体的には、CTR（クリック率）、CVR（コンバージョン率）、CPA（獲得単価）などがその指標となる。これらはマーケティングにおける費用対効果を測定する指標であり、現在でも重要なことに変わりはない。売りきりの商品の場合、利益を生むようにするためには、CPAが売上単価を下回るようにマーケティングを展開する必要があるからだ。

　しかし昨今、CPA以上に重視されている指標があり、場合によってはCPAが売上単価を上回っても、その先につながるのであれば構わないと考えるようになった。その指標はLTV（Life Time Value: 顧客生涯価値）である。例えば1個売れれば利益が100円出る商品を売るのに、CPAが200円かかったとしても、その後顧客が自社から継続的にその商品を買い続けてくれるのであれば問題ないということだ。2回買ってもらえれば元が取れるし、3回買ってもらえれば利益が出るようになる。

それ以降は、どんどん利益が積み重なっていく。

　こうした考え方を突き詰めたのが、昨今流行りのサブスクリプション（定額制）サービスだ。CPA が月会費を上回ったとしても、継続してもらえさえすればそのうち利益が出るし、会員が増えれば増えるほど 1 会員あたりにかかるコストが低減されていくため、どんどん利益が出るようになる。

　注目する指標が違うということは、管理する項目もまったく変わってくるということになるが、そこをしっかりと意識できていないマーケターや経営者が多いように思う。これが冒頭の、「集客まではある程度できているのだが、そこから先になかなかつながらない」という悩みにつながっている。

　ただ、管理項目を知れば解決するかといえば、実はそうではないところが問題解決を難しくしている。コンバージョンを重要視したマーケティングと LTV を重要視したマーケティングでは、扱うデータの種類や、扱うデータの期間が増える。それに伴い、取り組めること、するべきことは数多く存在し、当然、より労力がかかってくるようになるため、多くの企業でそこに十分に工数を割けられていないのが実態である。

　人手が足りなくてできないのであれば、IT ツールを活用することが必要となる。専任のマーケティング担当者がいなくても、データの分析や施策を行えるツールを使うことで、時間やコストをあまりかけずに集客するサイトの改修をし、LTV を向

上させることが可能となるのだ。本書では、このツールの効果的な使い方を、クライアントの事例を基に具体的に説明していく。

　私は大学院修了後ベンチャー企業に入社し、1年目からその会社の中核的な事業に関わるかたわら、副業でWebシステムの開発を請け負い、エンジニアとしての腕を磨いた。また、マーケティングのシステム開発を行いながら、自身でもWebマーケティングに携わり、イロハを身につけた。その経験を経てWebマーケティングをさらに深く知りたいと思った私は、事業会社の広告代理業を営む会社に転職。そして2017年にWeb接客ツール「Robee」の開発に携わることになったのだ。

　このRobeeこそ前述したLTVを向上させるためのツールである。LTVが向上することによって、企業は安定的な収益基盤をつくることが可能となる。実際、コロナ禍のような非常事態でも、LTVの高い企業は利益を上げている。

　本書が、一つでも多くの企業が強い経営基盤をつくることに貢献できれば、それに勝る喜びはない。

目　次

Chapter. 1

なぜ Web マーケティングが
うまくいかないのか？

Chapter. 2

押さえるべきは3つのプロセス！
Web接客に特化した
マーケティングツール「Robee」

Chapter. 3

〈これだけは押さえろ：LP編〉
コンバージョン率の高い入り口づくり

Chapter. 4

〈これだけは押さえろ：エントリーフォーム＆確認ページ編〉
入力しやすくするだけで売上が大きく増える！

Chapter. 5

〈これだけは押さえろ：サンクスページ編〉
最も購買意欲が高いタイミングを逃さない

Chapter. 6
ますます進化する未来のWebマーケティング

Chapter. 1

なぜWebマーケティングが
うまくいかないのか?

Web マーケティングにおける KPI は CPA から LTV に変わった

　これまでの Web マーケティングでは、どれだけサイト訪問者に申し込みさせるか、そして１件あたりの獲得コストをどれだけ圧縮できるかが重要な指標であった。ビジネス用語でいえば、Web マーケティングの KPI（Key Performance Indicator、重要業績評価指標）はコンバージョン数と CPA（Cost Per Action）だった。

　しかし現在、サービス自体が大きく変化してしまった。サブスクリプションモデルが登場したことにより、１ショットの単価でのビジネスではなく、毎月・毎年の継続的な定額制課金が一つの主流になってきている。昔は売りきりのパッケージソフトであった Microsoft Office が、今では年額制の Microsoft 365 となったことは、ビジネスマンであれば既知の事例だろう。

　定額制サービスの月額使用料はかなり安く抑えられているため、ユーザーがほかの商品・サービスに乗り換えるときに発生するコスト（スイッチングコスト）も極めて低くなった。いい換えると、ユーザーはほかのサービスに簡単に切り替えることができるようになったということだ。

　月額使用料が安いということは、ユーザーが数カ月以上継続して使用料を払ってくれないと利益が出ない価格体系になっているということでもある。よって、いくらコンバージョン数が増えても、また CPA を抑えられたとしても、獲得したユーザー

が1カ月で競合他社のサービスに移ってしまったらまったく利益につながらない。サブスクリプションモデルで利益を出すためには、自社のサービスに愛着をもって継続してくれる質の高いユーザーを集めることが今では必須となっている。

　こうした背景から、コンバージョン数やCPAに変わって、LTV（Life Time Value、顧客生涯価値）がWebマーケティングのKPIとして浮上してきている。

　「ユーザー」という言葉が出てきたが、無定義で使っていた。いくつかの用語について、ここで定義しておきたい。

ユーザー　商品やサービスを購買して使う人。消費者、生活者
　　　　　などと同じ意味。見込み客も含む
事業会社　商品やサービスを提供・販売する企業
クライアント　私たちの会社 Macbee Planet のお客さま企業

質の高いユーザーを集めることが最重要

　かといって、コンバージョン数やCPAなどコンバージョンに関わる指標が不要になったというわけではない。サブスクリプションモデルの多くは、獲得するユーザー数が多い一方で、解約するユーザーも多いというデータがある。理由は前述したようにスイッチングコストが低いからだ。ということは、サブスクリプションモデルになった現在でもユーザーを獲得し続け

ることは重要となる。そのためにはコンバージョン数を増やし獲得単価を抑えることは当然求められる。

　しかしそれ以上に、解約するユーザーを減らす、イコール継続してくれるユーザーを増やすことができれば、CPAを抑えるよりも効率的に利益を増やすことができる。よくいわれることだが、サブスクリプションでは解約率を数％減らすだけで多額の利益へとつながる。このコロナ禍のなか、米国のサブスクリプション業者は新規獲得のための広告宣伝費を圧縮して、その分を解約防止に回したところ、かなりの利益が出たという。

　以上を踏まえると、Webマーケティングにおいては継続してくれる質の高いユーザーを増やすことが最重要だといってもいいだろう。

マス（大衆）を集める時代ではなくなった

　これはWebマーケティングに限らず、あらゆるマーケティングでマス（大衆）を集める時代ではなくなったということでもある。

　大衆に訴求するための広告をマス広告といい、代表的なものとしてはテレビ広告、ラジオ広告、新聞広告、雑誌広告の4つが挙げられる。一昔前はマス広告が広告の主流であり、インターネットの普及とともにインターネット広告が台頭した当初は、インターネット広告も安価なマス広告のように扱われていた。

　ところが従来のマス広告と大きく異なり、Web上ではユーザーを特定したり、ユーザーの個人情報を獲得したりすることが可能であり、またその技術の発達も目覚ましいものだった。ユーザーの個人データや購買履歴、行動履歴を大量に蓄積すれば、そのデータを基に極めて細かいセグメンテーション（同じニーズや性質をもつ塊に分けること）が可能になったわけだ。

　何を欲しているのかよく分からない何百万人ものターゲットに向けて同じ内容の広告を打つのと、ある程度ニーズが分かっている数百人、数千人単位のターゲットに向けてそのニーズに応える商品・サービスの広告を打つのとでは、どちらのコストパフォーマンスが高いかは考えるまでもないだろう。

　2019年には日本でもインターネット広告費が2兆1048億円となり、テレビ広告費の1兆8612億円を抜き去った（電通調べ）。現状マス広告にも大金が投じられているが、主役の座はインターネット広告に移ったといっても過言ではない。

同じ商品を買っていても 一人ひとりニーズ（インサイト）が違う

　インターネット広告の最大の利点は個人単位で大量の情報を集めることができ、それをデジタルデータとして蓄積しておくことができるという点だ。加えて低コストで運用が可能なことも大きなメリットだ。

　マス広告の時代でもアンケート調査などで顧客のニーズを知

ることはできたが、基本的には紙に書いてもらい、それをキーパンチャーが打ち込んでデータ化していた。データの量に限りがあるうえに、データ化するために人件費という高いコストが必要だった。

それがWebに変わると、申し込みや登録はユーザーが打ち込んでくれるようになり、アンケートも同様に第三者が再入力する必要がなくなった。またCookie（クッキー）を活用し、大量に自動的に集めることも可能となった（ただし後述するように、以前は集めたCookieを比較的自由に利用することができたが、現在では勝手な利用が難しくなっている）。

こうしたデータを集めることでユーザーのインサイトが分かるようになった。「インサイト」という言葉を現在のマーケターは多用するが、いざ日本語に訳すとなると完全一致する言葉が見当たらない。「ユーザー自体もよく分かっていない潜在的な欲求」といった意味が近いだろうか。商品広告やあるいは店頭で商品を見て「ああ、そういえばこれが欲しかったんだ」というような感覚だと思ってもらえればいい。

さてここから重要なのだが、同じ商品・サービスを購入したとしても一人ひとりインサイトは異なる。例えばスポーツジムの同じコースを申し込んだとしても、ある人はダイエット、ある人は筋肉づくり、ある人は健康促進など、さまざまな目的があるだろう。ある人は美脚づくりというもっと絞った目標かもしれない。またそのジムを選んだ理由にしても、価格が安いから選んだのか、自宅や通勤先から通いやすいから選んだのかは人それぞれだ。価格や距離よりも、確実に結果が出るという評判に魅力を感じる人もいるだろう。

　このようにインサイトは人それぞれ異なるため、それに応じて広告を出し分けることが効果を最大化するためのポイントとなってくる。

LTVを高めるには、ユーザー一人ひとりを知ることが重要

　ユーザーのインサイトを把握するためには、ユーザー一人ひとりの情報を可能な限り集めて、細かいセグメントにクラスタリングする必要がある。クラスタというのは「集団」という意味で、クラスタリングとはユーザーを同じような属性の小集団に分けるということだ。

　このクラスタに対して適切な施策を打つことが、ユーザーのインサイトに応じて広告を出し分けるということにつながる。例えば価格を重視するクラスタがあったとして、そこに不必要な機能を訴求して価格を高めてしまうと、結果として解約につながることが予想される。確実な効果を求めるクラスタに低価格を訴求しても同様のことが起こり得るだろう。低価格は世間的には良いこととされているが、クラスタによっては必ずしも低価格が良いというわけではないのだ。もちろん確実に効果が出て、低価格であればいうことはないが、訴求するポイントを間違えるとサービスの質自体を疑われることになりかねない。適切な人に適切な施策だけを打つことが、LTVを高めるための理想の施策である。

正確なクラスタリングのために必要なことは何か。それは突き詰めればユーザーが何に興味をもっているかを知ることだろう。そしてそれを知るためには、最低限、以下のデータが必要になってくる。

・デモグラフィックデータ：年齢、性別、家族構成、職業など人口統計学的なデータ
・ジオグラフィックデータ：地域特性、気候、人口など地理学的なデータ
・サイコグラフィックデータ：価値観、ライフスタイル、好みなど心理学的なデータ

　これらを細かく組み合わせることによってセグメンテーションが可能となるのだ。

データを集めることは簡単だが、その先が大変

　デモグラフィック、ジオグラフィックの2つのデータを集めることは難しくない。エントリーフォーム（申し込みフォーム）で取ることができるからだ。サイコグラフィックデータは若干取りにくいが、これもランディングページ（LP）の解析やアンケートで採ることができる。
　しかし、デモグラフィックデータとジオグラフィックデータ

を組み合わせて、ユーザーにどのような傾向があるか、過去に
どんな施策が効果的だったかなどを分析することはなかなか
ハードルが高い。まずデータを集計する必要があり、集計した
データと今まで行ってきた施策の結果を紐付ける必要がある。
紐付けたのちに傾向を分析して、可視化も必要となってくる。

　これを実現するためには、データサイエンティストと呼ばれ
る専門家が必要だ。ところがデータサイエンティストは今最も
不足している人材の一つであり、そもそも採用することが難し
い。だからといって、マーケティング担当者が分析まで行うの
は、技術的側面や工数面でも難しいのが実情である。

　ツールを活用している会社もあるだろうが、データ集計、施
策との紐付け、結果分析のそれぞれに専門のツールがあり、そ
れら全部を一人で使いこなすのはかなり大変なことには違いな
い。

　そもそもセグメントを分けるのにもツールが必要であり、そ
のツールの学習コストも考えねばならず、専任の担当も必要に
なってくる。さらにセグメントを分けることができたとしても、
セグメントごとに施策を打つということを具体的にイメージで
きる人は少ないのではないだろうか。

　したがって Google Analytics のようなツールで全体の傾向を分析し、施策を実行することが一般的な企業で多いように思われる。

　その際の指標としては、以下のようなものが代表的な例として挙げられる。

・ページビュー数　　・ユニークユーザー数

・コンバージョン数　・セッション数

・ページ滞在時間　　・直帰率

　これらの指標をベースにページ単位で、分析を行うことになる。

　今後、より効果的な施策を展開するためには、ユーザー単位の視点でセグメントを切ってクラスタリングすることが必要になってくる。しかし前述したように一定の工数が必要になるため、まずは仮説を立ててクラスタリングすることが望ましい。今売れている自社の商品が、どの世代に受けているのか？　男女別にどうなのか？　天候との関連による指標頻度は？──こういったことについて経験値を基にまず仮説を立てる。そして、仮説と施策の結果を比較して、試行錯誤しながら仮説を見直して、施策を最適化していく。過去のデータを分析して最適

な施策を導き出すというアプローチではなく、経験に基づいて仮説を立て、実際に試しながら最適解を見つけていくというアプローチを取るということだ。

　売れるであろうセグメントに絞り、施策を考え、結果を分析し、また施策を考えるということだから、施策に対する結果を可視化することは重要な作業だ。その一連の流れの実施にあたりツールの導入が不可欠になる。

　また、そのツールにはもう一つ要件がある。それは施策の結果に基づいて次の施策を工数をかけずに展開できることだ。施策の結果を可視化して、それに基づいて新しい施策をつくる——これを高速に PDCA として回すことができるツールが、ユーザー単位で施策を展開する Web マーケティングには必要なのである。

ユーザーに断りなくユーザーのデータを収集することが困難になった

　ユーザー単位の施策のためにはツールが必要であることを述べたが、当然、ユーザーを知るためにはユーザーのデータを収集することが重要事項だ。ユーザーデータは基本的に個人情報であり、個人情報の利用にはさまざまな制限がある。そのなかで Cookie については、利用制限がわりと緩やかだった。

　ところが 2016 年に EU（欧州連合）が GDPR（一般データ保護規則）を制定してから（運用開始は 2018 年 5 月 25 日から）、その流れが大きく変わることとなる。細かい説明は省略

するが、Cookie に紐付くほとんどの情報は個人情報に該当するとされ、制限が厳しくなったのだ。米国カリフォルニア州でも同様の法律である CPRA（カリフォルニア州プライバシー権法）が 2020 年に可決され、2022 年から順次適用されていく予定となっている。また中国でも欧米に対抗するために同様の法律を検討している。

　海外の法律だから我々日本企業は無縁というわけではない。これらの地域に支店や営業所があったり、これらの地域にサービスを提供していたりすると抵触することは十分にあり得る。また日本の個人情報保護法も、現時点では氏名等と紐付かない限りは Cookie を個人情報とはみなさないが、今後規制が厳しくなる可能性は十分にあるだろう。それに加えて、法律の規制以前に、Chrome、Safari、Edge、Firefox などの利用シェアが高いブラウザが、サードパーティー Cookie を無効化する動きも出てきている（27 ページ参照）。

　とはいえ、ユーザーデータの収集においては Cookie に大きく依存してきたのも事実であるため、どうにかして代替手段を考える必要があった。そこで出てきたのが「ゼロパーティーデータ」という概念だ。

ゼロパーティーとは同意を取った
ファーストパーティーのこと

　ゼロパーティーデータという呼び方は、以前から存在する
ファーストパーティーデータ、セカンドパーティーデータ、サー
ドパーティーデータではない、ということに由来している。

　以前から存在する3種類のデータは、それぞれ以下のとおり。

・ファーストパーティーデータ：自社で集めたユーザー
　に関するデータ
・セカンドパーティーデータ：提携先企業（日本では
　グループ企業間が多い）が集めたユーザーに関する
　データ（他社のファーストパーティーデータ）
・サードパーティーデータ：ユーザーと直接関わらな
　い企業が集めたユーザーに関するデータ

　もともと存在していた概念はファーストパーティーデータと
サードパーティーデータで、セカンドパーティーデータは、企
業同士がファーストパーティーデータをやり取りしあうように
なって生まれた概念である。セカンドパーティーデータについ
て、日本国内ではグループ企業間で共有することが多いのだが、
その場合でもユーザーの許可なしに共有することは法に触れる
可能性が高い。

　ゼロパーティーデータとは、ユーザーから使い道に関する同

意を取って集めたファーストパーティーデータのことを指す。同意を取っているので、その範囲で利用することについては法的な問題は発生しない。

　ユーザーの立場で考えると、個人情報を勝手に利用されることは気持ち悪い反面、店舗やブランドを利用するにあたって必要な情報は知っておいてもらいたい、何度も聞かれたくないという気持ちもあるだろう。

　何度も通っている店舗であれば、来店した途端に「○○様、いらっしゃいませ」と名前を呼ばれるのはうれしいだろうし、好みを覚えていてくれるとそのたびに説明しなくて済むので助かるという利点もある。行き届いたサービスを受けたければ、ある程度個人情報を知らせておく必要があるということだ。つまりゼロパーティーデータとは、使用目的次第では、ユーザー側からはむしろ積極的に商品・サービスの提供者側に知っておいてほしいデータともいうことができる。

　またユーザーが明示的に許諾することをオプトイン、明示的に拒否することをオプトアウトという。この用語を使えば、ゼロパーティーデータとはオプトインされたファーストパーティーデータということもできる。

　サードパーティーデータにさまざまな制限がかかり使用が難しくなっている昨今、ゼロパーティーデータが注目を集めてきている。使用目的を守る限り、法に触れずにマーケティングに使うことができるからだ。

サードパーティー Cookie が
使えなくなって困る企業

　サードパーティーデータのなかで、特に使いにくくなっているのがサードパーティー Cookie だ。サイトを横断したトラッキングが可能で、ユーザーの行動履歴を把握することができるため、かつて Web マーケティングの世界では重宝されてきた。

　サードパーティー Cookie を使用すれば、ユーザーが自社ページから離脱したあとの行動も分かるため、自社ページから離脱したユーザーに対して他社のサイトでも広告を出すことができる。このような広告をリターゲティング広告という。どこのサイトに行っても似たような広告が出てくるという経験をしたことはないだろうか。これはサードパーティー Cookie を利用したリターゲティング広告であることがほとんどである。

　リターゲティング広告はしつこくて不快なうえに、自分の行動を勝手に把握されている気味の悪さを訴えるユーザーも多い。こうした背景から、GDPR や CPRA といった法律でCookie の制限がされるようになってきており、ブラウザ側の自主規制も進んできている。

　ただブラウザの自主規制といっても、シェアの高いChrome、Safari、Edge をそれぞれ提供している Google、Apple、Microsoft は、それぞれ自社のプラットフォーム上にさまざまなサービスを載せているため、サードパーティーCookie が使えなくなっても代替案がある。例えば Google は、

Chrome がログイン方式になっており、Cookie がなくても同一ユーザーの行動を特定することができる。Android もあるため、スマートフォンからもデータを取ることができる。また、上記以外でいうと Facebook は Instagram も所有しており、両方併せると（いや片方だけでも）自社のサービス内で膨大な個人データを集めることが可能だ。

　サードパーティー Cookie が使えなくなることで困るのは、こうしたプラットフォームや SNS をもたないその他大勢の企業であり、その企業のマーケティングではすでにゼロパーティーデータは欠かせないという認識になりつつある。ゼロパーティーデータを集める方法としてアンケートをチャット形式で展開している企業もあり、アンケートの回答率向上も重要なマーケティング施策のうちの一つだといえよう。

　なおエントリーフォームやアンケート、あるいは提供しているスマートフォンアプリから取得できるデータは、基本的に同意を取って集めているデータであるため、すべてゼロパーティーデータだといえる。例えばアパレル業者が体や足の大きさを取得するためのデバイスとアプリを提供しているとしたら、このようなものから取得されるデータもゼロパーティーデータだ。ヘルスケア・アプリにユーザーが毎日入力するデータもすべてゼロパーティーデータである。

使い続けてもらうことが最も重要だからこそ
ゼロパーティーデータも必要

　「はじめに」でも触れたが、本書は主なターゲットとして「集客はできているのだが、その先につながっていない企業の経営者やマーケティング担当者」を想定している。

　ここでいう「その先」はクロスセル、アップセル、継続利用、他ユーザーの紹介、口コミなどのことで、要するに LTV を最大化するためのすべての取り組みのことを指している。これまではいかに低コストでコンバージョンを獲得するかが最重要指標だったが、マーケティングの目的も取り組む内容も大きく変化したことは先ほど述べたばかりだ。

　例えばマーケティング部門や営業部門には新規顧客獲得チームが存在するが、カスタマーサクセス（解約率〈チャーンレート〉やクロスセル・アップセル、ユーザーのアクティブ率向上を KPI として、顧客の成功体験をつくるチーム）が設置されている会社は存在しなかった。従来のビジネスモデルでは契約成立はゴールであり、その後のサポートは「待ち」の姿勢でも問題なかったからだ。現在でも契約成立を一つのゴールとしている会社では、そこまでカスタマーサクセスに注力していないだろう。しかしサブスクリプションモデルのように使い続けてもらうことを前提にしたサービスを提供している会社であれば、カスタマーサクセス部門を設置し、総合的に継続率の向上に取り組む必要がある。ただしその場合も、効率的に施策を行うた

めにツールを活用するのが望ましい。

　継続率を向上させるためには解約する理由を集めて傾向を分析し、対策を練って施策に反映させなければならないが、そのためにはまずユーザーの声を集めるためにアンケートを採る必要がある。ここで重要性を大きく発揮するのがゼロパーティーデータだ。前述したが、ゼロパーティーデータとはユーザーから使い道に関する同意を取って集めた自社データ（ファーストパーティーデータ）のことで、アンケートもそれに該当する。つまりゼロパーティーデータを集めるための取り組みが、継続率の向上にもつながるのだ。

一般的な解約抑止策と最新の抑止策

　現実問題として、解約理由をしっかり聞き出すのは難しい。やめたいと言っているユーザーに長々としたアンケートに答えさせると、SNS等で「あの会社のサービスはなかなか解約できない」などと悪評を書かれてしまう危険性もある。

　そこで一般的に行われている解約抑止策は、既存会員のログイン回数、訪問頻度、注文履歴などからヘルススコアというユーザーのアクティブ度を表す指標を計算し、一定値より低いユーザーへ働きかけるという方法だ。

　働きかけとは、例えば期間限定のクーポンを送る、アンケートに答えてくれれば無料サンプルを送るなどで、一定の効果は

期待できる。ただしユーザーの不満や誤解が分からないため、ヘルススコアの恒久的な向上にはつながらず、結局解約されることが多くなってしまう。

　一方、最新の解約抑止策はこれとは違う。例えば、AI（人工知能）を搭載したチャットボットを使えば、解約したいというユーザーと対話しながら2種類のアプローチの解約抑止策を実行することができる。一つ目のアプローチは、対話の段階でユーザーの誤解を解き、解約そのものを防止するというアプローチだ。もう一つは、解約理由をユーザーから聞き出し、商品・サービスに対する不満や問題点をユーザーの属性と付き合わせて分析し、それを商品設計やWebでの集客方法に反映させることで、将来的に解約を減らすアプローチである。この2種類のアプローチをどちらも実施することで、解約抑止効果は極めて高くなる。

サービス内容を誤解しているユーザーは その場で解約阻止、それ以外はサービス見直し

　この2種類のアプローチが有効な理由について掘り下げていく。

　サブスクリプションサービスを利用するユーザーのなかには、サービス内容を誤解して解約してしまうユーザーがたいへん多く、その場合にユーザーの誤解を解くアプローチは有効に働く。

例を挙げると、VOD（Video on Demand、ビデオ配信サービス）の会社では、解約が多いためチャットボットを導入して理由を聞き出すようにしたところ、「〇〇という動画が見たくて入会したのに、見つからなかった」というユーザーが多いことが判明。しかし実際にはその動画は存在しており、ユーザーが見つけられないことが問題だった。そこでチャットボットに動画検索を支援するシナリオを追加したところ、お目当ての動画が見つかり、解約せずに継続する人が大いに増えたのだ。

　見つけられない理由は、UI/UX（ユーザーインタフェース／ユーザー体験）の設計が悪かったからだ。それはのちにサービス設計に反映されたが、UI/UXの修正にはデザイナーやエンジニアが必要になるため、それなりの時間がかかることになる。サイトの修正が終わる前に解約を防げることはたいへん有効であり、そのためには即時的にユーザーの誤解を解くアプローチが必要だったのだ。

　商品アイテムやサービス機能が存在しないと誤解して解約するユーザーよりもずっと多いのが、商品・サービス設計やWebでの集客方法が悪かったために解約してしまうユーザーだ。この場合は解約理由を将来的に集客方法に反映するアプローチが有効に働く。

　これも例を挙げて説明すると、とある会社では健康補助のためのジュースを提供していたのだが、量が多くて1回で飲みきれないというユーザーが多数存在した。毎月30本送ると半分ほど残ってしまい、月を追うごとにジュースが部屋に溜まっていく。ユーザーとしては解約したくなるのも頷ける状況だ。

　この解決策として、一度に送る本数や配送頻度を変更できる

ようにサービス設計を見直した。ただしその見直しを実施するためにはサイトの修正はもちろん、業務オペレーションも見直す必要があったため実施までには時間がかかった。しかし、その後飲みきれないことが理由で解約するユーザーは激減したことを考えると、将来的に解約を減らすアプローチが有効に働いたといえるだろう。

Webの集客方法が悪いというのは、いい換えるとユーザーの期待値と実際のサービス内容にギャップがあるということだ。宣伝段階では、誇大広告にならない範囲でユーザーの期待値を高めてしまっていることはよくある。ユーザーが期待値どおりの効果を得るためには、プロセスも重要で、当然ながら正しい方法でサービスを使用しないと効果は出ない。効果が出なかったユーザーは、正しいやり方をしていないがために効果が出なかったとしても裏切られたと感じ、最終的に解約してしまうのだ。

何事にも適切な使用法、効果を実感するまでの期間はあり、早い段階でその方法を伝えるようなサービス設計にしておけば、こうした解約を防ぐことが可能となる。

ツールなしに施策を実施することは難しい

　以上のことからも、解約抑止がLTVを高めるための最強の施策であることは明白だ。実施しない手はない。しかしこれらをツールなしで実施することはかなり難しいのもまた事実だ。

　例えばチャットボット一つ取っても、一からそれを導入して、かつシナリオも作れる人材は少ないだろう。シナリオ作りが簡単にできるツールも必要だ。では、チャットボットを導入できて、シナリオも作れて、解約理由を集められるようになればそれで解決するかと問われれば、残念ながら完全解決には至らないと答えるだろう。その場の解約阻止であればチャットボットだけで完結するかもしれないが、サービスの改善となるとまた別のツールが必要になり、さらにはデザイナーやエンジニアの協力も必要不可避だ。

　しかし、これらを同じツールで実施できて、しかもサイトの改修を画面やソースコードの変更でなく、管理画面のGUI（グラフィカルユーザーインターフェース）上での追加・更新等ができるツールがあったとしたらどうだろうか。その場合は一つのツールを学習すればいいので時間もコストも抑えられ、新たにデザイナーやエンジニアを採用または外注する必要もない。

　これを実現したのが、私たちが開発・販売しているRobeeだ。本書ではRobeeを紹介しながら、LTVを高めるための具体的な方法を説明していく。ここまで解約抑止を中心に説明し

たが、LTV を高める施策は解約抑止だけではない。本質的には
ユーザーをクラスタに分けて、それぞれに正しいマーケティン
グ策を実施することだ。もちろん Robee にはそのための機能
がそろっている。

　ただし Robee が前提というよりは、具体的なイメージをもっ
てもらうために Robee の画面や導入事例を交えて説明する内
容になっている。考え方自体は同じであるので、同様のツール
があれば応用できるだろう。本書の目的は、少ないリソースで
効果的な Web マーケティングをできるようになってもらうこ
とだ。Web での集客に頭を悩ませている方は、ぜひこのまま
読み進めていただきたい。

押さえるべきは3つのプロセス！
Web接客に特化した
マーケティングツール「Robee」

ユーザーの情報が初めて取れる 3 つのプロセス

Chapter.1 では、マーケティングにおける最も重要な指標が、CVR や CPA などのコンバージョンに関する指標ではなく、LTV（顧客生涯価値）に変わったこと、LTV を高めるためにはユーザー一人ひとりを知るのが大切だということについて述べた。

では Web マーケティングにおいて、企業がユーザーの情報を初めて取得できるのはいったいいつか。それはランディングページ（以下、LP）、エントリーフォーム（エントリー内容の確認ページを含む）、サンクスページの 3 つのプロセスに入ってきたときだと考える。

もちろん LP に入ってこなければエントリーフォームに入力することはないし、エントリーフォームに入力したのちに申し込みや購入のボタンをクリックしなければサンクスページに移動することもない。本当の意味で「初めて」といえるのは LP だけだが、それぞれ取得できる情報が違うためこの 3 つを挙げている。

それぞれのステップでどのようにデータを収集するかは後述するとして、ここではそれぞれのステップでどのようなデータが取れるかについて、簡単に概要を述べようと思う。

まず LP では、提供側企業が訴求している内容に対するユーザーの率直な反応が取れる。申し込みをする人は LP のどこを

読んでいるのか、逆に途中で離脱した人はどこを読み込んでいたのか、流入元によってユーザーの反応はどう違うのかなどが分かる。Chapter.1 で説明した 3 つのデータ（20 ページ参照）のうち、サイコグラフィックデータはここで取ることができる。サイコグラフィックデータとはユーザーの価値観、ライフスタイル、好みなど心理学的なデータのことであり、LP のアクセスや流入元から解析することが可能だからだ。

　次にエントリーフォームでは、デモグラフィックデータ（年齢、性別、家族構成、職業など）、ジオグラフィックデータ（地域特性、気候、人口など）を取得することができる。ジオグラフィックデータは直接入力することはほぼないが、住所などのユーザーの入力情報から紐付けることが可能だ。

　最後にサンクスページでは、アンケート等を実施すればユーザーを知るためのさらに深い情報を取ることができる。なおサンクスページは情報を取るだけではなく、商品理解を促進し、商品の付加価値を高められるページであり、ユーザーに対してクロスセルやアップセルを促すことも期待できる。LTV が最重要の時代において、サンクスページの良し悪しは大きなテーマだといえるだろう。

最初の段階で LTV の大小がほぼ決まる

　LP、エントリーフォームおよびサンクスページの 3 つのプ

ロセスの重要性は、いくら言っても言い足りない。

　LTVを高めるということの意味合いは極めて単純で、他社に浮気せず、自社の商品・サービスを買い続けてくれるようにするということに尽きる。もちろんここまでユーザーの趣味嗜好が多様化した現代において、1社の商品だけを使い続けるということは考えにくい。したがってLTVを高めるためには、最初の選択肢として自社が選ばれることを目指すのが必須条件となる。

　そのための方策としては、まず会員登録してもらい、ユーザーが求める情報を送り続け、何度もリピート購入をしてもらうということが考えられる。例えば、会員特典を付けたり、会員向けクーポンを発行したりすることも手段としては有効だろう。

　それ以上に有効な手段、もはや一つのビジネスモデルとして定着しつつあるのが、会員制サービスの究極の姿であるサブスクリプションサービスだ。毎月・毎年、定額のお金を支払い続けてくれるため、最も確実なリピート購入といえる。

　通常の会員制サービスでもサブスクリプションでも、会員であり続けてくれないと意味はない。サブスクリプションサービスの平均的な解約率は、25%前後（Zuora調べ）であり、持続的にビジネスを成長させていくには、解約率を10%以下にすることが望ましい。そして高い解約率に陥っている会社を調査すると、先述した3つのステップでしっかり情報を取れていないことが高い解約率の原因だと判明するのだ。

　繰り返しになるが、ユーザーが会員登録したサービスをすぐに解約するのは、商品やサービスが期待していたものと違っていたからだ。ユーザーの期待ポイントは人それぞれだが、実は

LPでユーザーのデータがしっかり取れていれば、集客時の訴求内容を見てみることで、その商品・サービスがどのような期待をされていたかが概ね分かるようになっている。ユーザーの期待が分かれば、申し込みをしたユーザーに対して高くなり過ぎた期待値を調整し、適切な情報提供をすることが可能となる。

　このようなきめ細かい配慮をすることで、解約率が大きく下がることはすでに実証されている。ではなぜそのような配慮をしない企業が多いのか。それは配慮したくてもそのためのデータが取れないからだ。またデータを取れても適切な施策を打つためにはコストも時間もかかるため、配慮が行き届かないからだ。

　データを取るためには、ツールが必要である。また簡単でも施策を打つためにはツールが必要だ。そのためのツールが、当社が開発・販売している「Web接客ツール」Robeeである。本書ではRobeeを例に、LP、エントリーフォーム、サンクスページの3つのステップでユーザーを知り、適切なアクションをする方法について解説する。

　貴社に導入するツールを選定する際には、本書で説明することができるツールかどうかを選定基準にすれば適切な判断を下せるだろう。

専門チームがなくても Web マーケティングの PDCA を回せるようにと Robee を開発

　Chapter.1 でも述べたが、効果的なマーケティングをするためにはユーザー一人ひとりを知る必要がある。そのためには Google Analytics 等で把握できる数値指標だけでは不十分であり、ユーザー単位の視点でセグメントを切ってクラスタリングしなければならない。だが、これができている企業はそう多くない。その理由は、マーケティング担当者が 1 人からせいぜい数名、しかも専任ではなく、営業担当や商品開発をしながらマーケティングも兼任しているという会社が多いからだ。それでは、せいぜい各ページに Google Analytics のタグを貼り付けて、ページビューやユニークユーザー数、ページ滞在時間、離脱率などを見るのが関の山といったところだろう。

　これらの数字はサイト全体のパフォーマンスを評価するためには必要な指標だが、ユーザー一人ひとりのことが分かるデータではない。多くの人が来てくれるサイト、すなわち集客できるサイトを作るには役立つが、売れるサイトを作るのには不十分であり、ましてや LTV を向上させるためにはあまり役立つとはいえない。

　LP から分かるユーザーの反応、エントリーフォームで得られるユーザーの個人情報、サンクスページの活用で得られるユーザーの深い情報——これらの情報を見ながら、サイトを改良し、その結果を分析して、またサイトおよびサービスを改

良するという PDCA をすばやく回すことで初めて、LTV の向
上が実現する。

　これを少人数で、しかも専任でなくても実行できれば、少な
いリソースで効率よく本格的な Web マーケティングに取り組
める——このように考えて企画し、開発し、販売しているの
が Robee なのだ。

従来のツールと Robee の違い

　専任のマーケティング担当者がいない場合でも使用できる
ツールはどのようなものか考えたとき、最終的に出てきたアイ
デアは汎用的なツールにすることだった。これまでのツール
は、分析なら分析、施策（施策の立案と実行をまとめて、「施策」
と表現する）なら施策に特化したものが主流だった。これらの
ツールを組み合わせて初めて、市場をセグメントに分けて、そ
れぞれで仮説検証のサイクルを回すことができるといったもの
ばかりだったのだ。分析担当者と施策担当者が専任でいるよう
な体制であれば、むしろこのほうが効率的かもしれない。しか
し、我々がターゲットとしている、マーケティングに工数を割
きづらい企業に向かないのは明らかである。

　したがって Robee は分析と施策がすべてこれ一つでできる
ように作られている。役割分担をして使っていただくのはもち
ろん構わないが、設計思想としては分析も施策も１人の担当

者が実行できるように作っている。

　少し観点が変わるが、マーケティングツールにはCRM（Customer Relationship Management）やMA（Marketing Automation）といわれるものがある。これと「Web接客ツール」であるRobeeは、何が違うのだろうか。

　CRMもMAも個人情報が取れているユーザーを扱うことが前提になっているのに対して、Robeeは新規ユーザーに対応することを得意としているのが大きな違いだ。CRMは基本的には、すでに自社製品を購入しているユーザーと適切な関係づくりをすることで顧客満足度を高めて、リピートにつなげることを狙ったツールである。その意味ではLTV向上を目的としたツールだが、Robeeとはユーザーのステージが違うといえる。Robeeは既存顧客との関係づくりというよりは、まだ匿名の段階にいるユーザーの反応を探り、個人情報の取得につなげることを得意とするツールだ。

　一方MAは、既存顧客というよりは、これから顧客化していきたいユーザーとの関係づくりに使うツールである。ユーザーのステージとしてはRobeeと重なるが、大きな違いはMAの場合はすでに個人情報があるということだ。MAの場合、最初のステップはホワイトペーパー（商品・サービスに関連する「役立つ情報をまとめた資料」）等による情報提供、あるいはキャンペーンへの応募等による個人情報の登録になる。法人営業の場合は、展示会等で入手した名刺情報の登録がこれに該当する。いずれにしても個人情報を先に集め、そこにメルマガ等の手段で継続的かつ段階的な情報提供を続けることで、購買につなげることが狙いだ。

段階的というのは、ユーザーの現時点での購買意欲を数値化して、その数値を少しずつ高くしていくような施策を採るという意味である。ユーザーにとっては抵抗感が少ないため、企業に対して良いイメージをもってもらいやすいというメリットがある。ただし、段階的に購買意欲を向上させるためには大量のコンテンツを用意する必要がある。販売促進用のコンテンツ作りのため専門性が高く、このようなコンテンツ作りを内製化するには専任の担当者が必要だろう。専任がいない場合は多数のライターに直接、あるいはライターを抱えている広告代理店にコンテンツ作成を外注することも可能だが、そのような予算を割けない企業ではツールを導入してもそもそものコンテンツがないため、効果をあまり期待できないだろう。

集客できる企業は増えているが
そのあとが続かない

　SEO 対策やリスティング広告のノウハウが広く知られるようになり、無料ツールである Google Analytics を利用すれば数値的な管理も可能である。Google 広告や Facebook 広告であれば、即日アカウント発行が可能だ。そのため、ページビューやユニークユーザー数を増やすこと、すなわちサイトへの集客を増やすことは企業単位どころか個人でも可能な時代になった。くどいようだが、本書が主に対象としている読者は、サイトへの集客はできているのに LTV が伸びていない、いい換え

ると収益体質になっていない企業の方々である。またサイト集客のノウハウ本も多数出版されているため、本書では集客については触れない。

　サイト集客ができていても、その後LPの途中で離脱するユーザーは多数存在するし、エントリーフォームに進んでも、エントリー中に離脱するユーザーもまた多く存在する。サンクスページに到達しても、それ1回で二度と訪れないユーザーも多い。

　これは対面の営業でもまったく同様である。キャンペーンやイベントで見込み客リストが作れたとしても、その後架電してアポが取れる見込み客はせいぜい2割程度だ。さらに通常は、そこからの成約率は1割程度だろう。

　ただ対面の営業が有利なのは、見込み客の反応が分かりやすいという点にある。その反応を見ながらトークスクリプトを磨いていけば、成約率が2割、3割に増えていくことも十分にあり得る。

　これはWebでも応用できる。しかし多くのWebマーケティング担当者は、そもそも顔が見えないので反応も分からないと諦めてしまっているように思う。それを可能にするツールがRobeeだ。

　自社サイトに訪問してきた新規ユーザーに対して、チャットなどでアクションすることで行動を促すツールを「Web接客ツール」という。RobeeはWeb接客ツールであり、そのパイオニアかつトップランナーでもあるのだ。

施策とそれに必要なこととは？

　ところで、ここまで特に説明もなく「施策」と書いてきたが、そもそも Web マーケティングにおいては施策といってもさまざまな種類がある。

　LP ではユーザーがいるセグメント（クラスタ）に合わせて、LP の内容を変更することを意味する。エントリーフォームであれば、クラスタに合わせて項目の順番を考えたり、項目数を増減させたりすることが施策である。

　ではどうすればクラスタを見いだせるのか。それはユーザーの行動を追跡（トラッキング）することで可能となる。Google Analytics を使ったことがある方なら、各ページにユーザーの訪問時の行動をトラッキングするためにタグを挿入するということをご存じのはずだ。それと同様にサイトの各ページに Robee のタグを挿入する。そうすれば Robee の管理画面でユーザーの行動履歴を見ることが可能となる。

　Robee の管理画面では、グラフ等でユーザー全体の行動傾向が見られるようになっており、そこに年齢や性別、地域等のフィルターをかけることで、このクラスタならこのような行動を取るという傾向が分かるようになっている。

　傾向が分かればあとは理由を分析して施策を打てばいい。例えば「25 歳前後の女性の離脱率が高いな。彼女たちは LP のどこで離脱しているのだろう。なるほどここを見たのちに離脱

している人が多いのか。どうもこの画像のキャッチコピーが悪いのかもしれないな。では、こちらに差し替えて試してみよう」といった分析と施策が、Robee では簡単に実行できるようになっているのだ。

　なんとなく Robee のイメージがつかめただろうか。Web マーケティングの経験がある方ならこの説明に魅力を感じていることだろう。なぜなら、このようなツールは今までありそうでなかったからだ。分析と施策は別々のツールで行うものという先入観があったからかもしれない。

私自身の成長と Robee の誕生は
大きく関わっている

　私は Robee の開発者だ。自慢したいわけではないので、どうかここで離脱しないでいただきたい。Macbee Planet という会社から Robee が世に出た経緯には、実は私自身の思いと、人間としての成長が関わっている。私自身の物語になるが、Robee というツールをより深く理解するためには知っておいていただきたく、できるだけ手短にまとめたので少々お付き合いいただければ幸いである。

　私は大学院を卒業したあと、ベンチャー企業に就職した。最初は大企業に勤めようと思って、大手メーカーや通信事業者などでインターンを行ったが、その職場環境を体験するうちに、将来的には、独立・起業をするしかないと考えるようになっ

た。ならばと、若いうちから中核事業に関わりながらビジネスを学べて、またビジネスを通してスキルも身につけられるベンチャー企業に就職した。

職種はWebエンジニアだった。ところが、私はプログラミング経験がほとんどなかった。それでも有難いことに入社早々に新規事業の立ち上げに参画させてもらい、Webシステムの構築に必要なスキルを一から学ぶことができた。

将来独立するなら営業スキルも必要だと考えていた。そこでSNSで経営者と知り合いになり、その経営者の会社のサイトを格安で作るということを始めたのだ。このおかげで営業も経験し、低価格とはいえ実際に有償でサイトを作ることでWebエンジニアとしてのスキルを磨くこともできた。

その頃に知り合った方との会話のなかで、広告運用を一部自動化するシステムを開発することになった。このときは無料で開発する代わりに広告運用のノウハウを教えてもらうことになり、双方にとって良い話だった。

事業社視点の広告運用に携わりたくて Macbee Planet に入社

身につけたノウハウを基に個人で広告運用を行っていた私は、広告の仕組み全体に興味が湧き、事業会社側の立場から見た広告運用も知りたくなった。そこで事業会社側に立って広告運用代理業を営むMacbee Planetに転職したのである。

現在当社には50名ほどの社員がいるが、私が入社した2016年はまだ5名の社員しかいないスタートアップ企業だった。Webエンジニアは1人もおらず、私は入社早々、一からエンジニアリング部門を立ち上げることになったのだ。

　入社前にエンジニアリング部門の立ち上げを打診されていた私は、これはハードワークになるなとちょっとためらう気持ちも正直あった。そのようななか、創業メンバーであり、同学年の女性の営業メンバーが、「Macbee Planetをこういうふうな会社にして、大きくしていきたい」「社員が会社を好きになってくれるようにしたい」と熱く語る姿を見て、私は脳天を突かれた。

　ここまでお読みいただいた方は、私のことを自分の成長や成功のことしか考えていない人間だと感じたことだろう。実は私も彼女の熱い想いを聞き、自分の身勝手さを思い知った次第だ。そしてこのような志をもった社員が一人でもいるような会社なら、自分の時間を投資してもいいと感じ、Macbee Planetに入社することを決めたのだ。

　このとき、私も自分のことだけでなく会社に貢献したい、会社の顧客の役に立てるようになりたいと心底思ったのは、今振り返れば大きなターニングポイントだった。

Macbee Planet の新しい収益基盤として Robee を開発

　Macbee Planet に入社した私は、当初の目論見どおり事業会社の視点で広告運用、マーケティングを知ることができた。これはいい換えると、事業会社が広告のパフォーマンスを評価するためには、どのデータをどのように見ればいいかを知ったということだ。しかもエンジニアの立場だったため、技術的な仕組みも併せて理解することができたのだ。

　私が入社したときには社員がわずか5名の小さな会社だったが、代表取締役の小嶋は上場を見据えており、そのためにはさらなる収益基盤が必要だった。当社はその収益基盤を、事業会社の Web サイトの改善支援事業にする方向で舵を切った。既存の広告運用代理業とシナジーがあり、収益拡大が見込める事業だったからだ。

　その際にサイト改善業務の効率性と簡便性を高め、広告パフォーマンスも高められるツールを開発することになった。その開発責任者に入社半年の私が任命されたのだ。

　Robee をどういうツールにするか検討し始めた2016年秋には、まだ Web 接客ツールという言葉はなかったように思う。現在 Robee の競合製品になっているいくつかのツールがちょうど出始めた頃だったと記憶している。

　最初に浮かんだコンセプトは、集客したユーザーに対してなんらかのアクションをすることで、クライアント企業が気づい

ていない自社商品・サービス、あるいは会社自体の価値につなげ、LTV向上に貢献するツールにしようというものだった。

「アクション」が根底にあったため、最初に実装する機能は施策関連のものにした。具体的にいうと、ポップアップ・A/Bテスト・チャットボットの3つの機能だ。これらをWebプログラミングやWebデザインができないマーケティング担当者でも、管理画面から設定するだけで簡単に組み込めるようにした。

こうした機能を盛り込んだβ版を、実際にクライアントに使ってもらったところ、大きな問題があることに気がついたのだった。

勘や経験則ではなくデータを分析しないと施策の再現性がない

大きな問題とは、施策を科学的に評価できないということだ。

β版のRobeeには施策実行機能だけではなく、施策実行によってどのように結果が変わったかをレポートする機能もあった。それを見れば施策の効果はハッキリと分かる。効果は分かるのだが、その要因が分からなかった。何が良くて結果が良くなったのか、あるいは何が悪くて結果が悪くなったのかがレポートを見ても分からないのである。

データに基づく仮説がなく担当者の勘や経験則で施策を考えるため、成功するか失敗するかは最後まで分からない状況だった。

施策自体を科学的に評価できないと、ネット記事や広告雑誌などに書いてあることも鵜呑みにして真似をしてしまう。例えば「申し込みボタンを目立つ色にすると申し込みが増える」と書いてあったのでそれを真似したところ、あるページでは確かに増えたが、違うページではかえって減ってしまった、などということはよく聞く話だろう。

　勘や経験則、あるいはエビデンスのない方法論に共通することは、再現性がないということだ。結果の説明ができないし、そもそもなぜそのような施策を打ったのかも説明できないため、成果が出るかどうかは神のみぞ知る。まさにギャンブルだ。

　そしてβ版のRobeeは、そのギャンブルしかできないツールだった。これは大問題だと私は考え、データに基づいた仮説を立てられる機能を追加することにした。そうなると検証に使う結果レポートも詳細なものが必要になってくる。原因を追究するためにはまず結果を十分に理解することが先決だからだ。全体のパフォーマンスをまず見てから、パフォーマンスの出ていない箇所や逆にパフォーマンスの高い箇所などを細かく見られるようにプログラムを組んだ。LP、エントリーフォーム、サンクスページというプロセスに対する意識もこの改善の過程のなかで芽生えた。

　このように使う側の立場で問題意識をもち、地道な改善を積み重ねることができたのは、自分の成長・成功だけを考えるのではなく、真の意味でクライアントの役に立ち、そのことを通じて自社の発展にも貢献したいという志をもてるようになったからだと思っている。

多数ある Web 接客ツールのなかでの Robee の位置づけ

　Robee の開発を企画した当時にはその言葉がまだなかった「Web 接客ツール」だが、今では多数の製品が世に出ている（図）。

　そのなかで Robee の位置づけは、複合型の AI 対応製品ということになる。複合型というのは、ユーザー行動の分析から施

Web 接客ツール AI カオスマップ

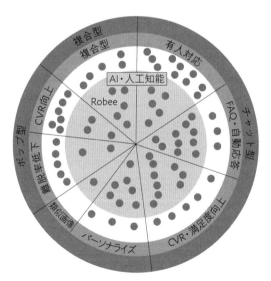

策までを一つのツールで行えるという意味で、複合型以外はそれぞれその分野（有人対応なら有人対応）に特化したツールだ。また内側の円は、なんらかの形でAI（人工知能）を利用しているという意味である。

　Robeeの場合は、チャットボットの機能があり、あたかも人間と話しているかのような自然な対話の実現にAIを活用しているうえに、クラスタをつくること（クラスタリング）にもAIを活用している。通常、ユーザーをクラスタリングするのは人間だ。データを見て、「60代の女性のクラスタがあるな」とあたりを付ける。ところが専任のマーケティング担当者がいない企業では、クラスタリングすることさえ時間と労力の関係で着手が難しい。そこで、そのような企業のマーケティング担当者をアシストするためにAIを活用しているのだ。

　しかし、クラスタを見つけだすのがマーケティングの目的ではない。存在しているクラスタに対して有効な施策を打ち、その結果として売上を増やすことがマーケティングの目的だ。クラスタの発見はAIにもできるが、有効な施策を見いだすのは人間の仕事である。もちろん人間も一発で最適な施策を見いだせるわけではないため、PDCAを回しながら試行錯誤する必要がある。

　これはいけそうだとあたりを付けながら絞り込んでいくことは人間にしかできない。AIが得意なところはAIにサポートしてもらい、人間は人間にしかできないことに特化することで、人手が少ない企業でも効率的にWebマーケティングを実践してもらうというのが、RobeeがAIを活用する理由である。

Chapter. 2

新規かつ LTV 向上につながりそうな ユーザーに買ってもらうことにフォーカス

　Robee の AI による自動クラスタリングには特徴がある。それはユーザーの行動を見て、申し込みに至るか至らないかというセグメントをつくるということだ。さらに LTV にも注目し、申し込んだユーザーが将来どれぐらいの売上につながりそうかを判定してセグメントを分けることも行っている。つまり購入につながり、さらに長く使ってもらえそうなユーザーを探すことにフォーカスしてクラスタリングを実行しているのだ。

　例えば LP に Robee のタグが入っていれば、その LP から何人申し込んでくれたかはすぐに分かる。さらにその後、そのユーザーがどれだけ買ってくれているかも購買履歴のデータを紐付けることで分かる。こうしたデータを蓄積し分析することで、どういう行動をしているユーザーが申し込みにつながりやすいか、また申し込み後もどれだけ買ってくれそうかを予想することができる。

　そうなれば、ユーザーの行動によってクラスタリングし、申し込みにつながりやすく、その後も買ってくれそうなクラスタに働きかければ、楽に LTV を向上させることが可能だ。

　あるいは、逆に集客はできたが買ってくれないクラスタの買わない理由を分析することで、新たな市場を開拓できる可能性もある。このように売上につながりやすいか、買ってくれたあともまた買ってくれているかにフォーカスしたセグメント分け

を行うことで、効率的なマーケティング施策を打つことが可能
となるのだ。

Robee の典型的な使い方の流れ

　LP、エントリーフォーム、サンクスページごとにどのよう
な分析をし、分析結果を見てどのような施策を実行するかにつ
いては、次章以降で詳しく述べていく。本章の最後では、3つ
のプロセスに共通する基本的な使い方の流れを紹介しよう。

　管理画面を開くと Google Analytics にあるような指標が確
認できる、よくあるアクセス解析画面が出てくる（図）。時間
ごとに何人の訪問者が来ていて、コンバージョンがどのぐらい
あり、LP が何%まで読まれているかといった全体傾向が分か

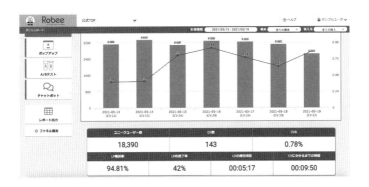

る画面だ。

そこから詳細に見たい画面下の項目をクリックすると、さらに詳細なレポート画面が出てくる。例えばLPの流入元サイトや都道府県別のアクセス数、年齢・性別等の比率、訪問ユーザー数と申し込みユーザー数など。このように自分が見たい詳細項目に絞り込むことをフィルタリングという。

流入元別レポートであれば、流入元ごとに訪問者数とコンバージョン数などが可視化されているため、例えば50人程度しかアクセスがないチャネルなのに20人以上も申し込んでいたり、逆に1,000人来て数名しか申し込んでいなかったりするチャネルを可視化できる。

こうした異常値を見つけて、それを基に施策を練ると効率的にPDCAを回すことができるという理屈だ。

左サイドバーにある「ポップアップ」「A/Bテスト」「チャットボット」が施策である。例えばポップアップだと、重点的に施策を打ちたいクラスタに対して、彼らがページに入ってきたときに表示するポップアップ画面を設定することが可能だ。A/Bテストであれば差し替える画像、チャットボットであればチャットのシナリオをそれぞれ設定が可能であり、施策を実行する前と後での結果を比較することができる。結果が良ければ次のクラスタでまた施策を練れば成功確率は上がり、結果が悪ければ施策を元に戻すか、別の施策を練ればいい。この繰り返しが分析と施策のPDCAだ。

ここまでLPでの操作を例に取って説明したが、エントリーフォームでもサンクスページでも、Robeeの管理画面における操作の流れは基本的に同じだ。「全体傾向の確認→見たい項

目にフィルタリング→異常値の発見→データに基づく原因分析→施策の実行」が一連の流れとなっている。

施策を管理画面から実行できることのメリット

　この「ポップアップ」「A/Bテスト」「チャットボット」といった施策を管理画面から指定できることによる最大のメリットは何か。それは施策を打つのにWebエンジニアやWebデザイナーが必要ないということだ。

　Webマーケティングで施策を打つ際には、場合によってはサイトの改修を行う。しかし、Webマーケティングを担当しながらWebサイト、Webシステムの改修までを熟知しているような方は、なかなかいらっしゃらないのが現状だ。HTMLで構成されるWebページにちょっとタグを追加しただけで画面のレイアウトが壊れることだって十分にあり得る。

　改修に際し、ブラウザ言語のHTML、Javascript、CSSなどに留まればWebデザイナーだけで変更可能かもしれない。PHPなどのプログラミング言語が使われていたら、WebエンジニアPHPに依頼しないと変更は難しいだろう。

　WebデザイナーであろうとWebエンジニアであろうと変更を依頼するにはコスト（社外であれば外注費、社員であれば人件費）と時間がかかる。今すぐ施策を打ちたいと思っても、コストの見積もりを出してもらう必要があり、作業時間の調整も

必要だ。そもそも見積もりにも時間がかかる。商品によっては
その施策の実行までにかかる時間が大きな機会損失につながる
可能性もあり、事業会社側としてはとても優雅に構えてはいら
れない。

　デザイナーやエンジニアに頼る必要がなく施策を実行でき
ることは少ない人数で効率よく PDCA を回すことにも適うが、
機会損失を防ぐことにもつながり、また人件費・外注費の節約
にもつながる。まさに一石三鳥だ。

〈これだけは押さえろ：LP 編〉

コンバージョン率の高い
入り口づくり

人手が足りない企業でもできる Web 接客

　本章からは、LTV を向上させるための「Web 接客」の方法を具体的に見ていくとしよう。これまでの流れを踏まえると、事業会社が Web 接客に求める条件は以下に集約することができる。

・少数の人材で運営が可能（専任の Web マーケティング担当者は不要）
・Web マーケティングに関する基礎的な知識・スキルがあれば使用可能（高度なスキルは不要）
・Web エンジニアや Web デザイナーに頼らず設定・修正が可能

　加えて、勘や経験則に頼るやり方ではなく、データに基づいて仮説を立て、その仮説を検証し、次の施策を実施するという科学的で再現性のある本格的な Web マーケティングであることも重要だ。
　それを可能とするツールが Robee だ。以下、本書では Robee の使用方法を例に取り、Web 接客を具体的に説明して

いく。

　Robee を使用して説明するのは、我々の会社が著作権や所有権を有しているから説明の材料に使いやすいという理由からだ。説明と同様のことが可能であれば、あとは価格やサポートなどさまざまな観点からあなたの会社に合うツールを選択していただきたい。

　ただツールを選択しようにも、Web 接客とはどういうものかイメージできなければ選択することはできない。したがって随所に Robee の画面が出てくるが、本書は Robee の解説本ではないことは先に述べておきたい。あくまでイメージをつかむための参考に見ていただきたい。

　なお、Robee だけでできないこと（別のツールや、Web エンジニア、Web デザイナーの力を借りないとできないこと）も併せて説明している。そのような箇所では、その機能がRobee にあると誤解されないよう明記する。ツールについては一般的に使われている Web マーケティングに必須なツールを紹介するので、それらはぜひ活用していただきたい。また専門家が必要なことについては、予算や時間があれば検討していただければと思う。

まずユーザーの購買プロセスを理解する

　Web 接客を理解していただくには、まずユーザーの購買プ

ロセスを知る必要がある。購買プロセスを考えるときには、購買プロセスモデルというものをベースに考えるのが常套手段だ。おそらく AIDMA（アイドマ）、AISAS（アイサス）などの購買プロセスモデルについては、聞いたことがあるのではないだろうか。

　AIDMA とは、「Attention（認知）、Interest（興味）、Desire（欲求）、Memory（記憶）、Action（行動）」の頭文字をつなげた言葉で、ユーザーはこの順番で商品・サービスの購買に至るということを示すものである。なお顧客購買プロセスの一つひとつのアルファベットで表現される段階をステージといい、「ユーザーは今、記憶のステージにいる」といった言い方をする。

　また AISAS とは、「Attention（認知）、Interest（興味）、Search（検索）、Action（行動）、Share（共有）」の頭文字をつなげた言葉だ。この言葉は、インターネット時代において商品検索および購入後のネット上での口コミ・紹介が重要になったため登場したものだ（なおこの言葉は電通の登録商標であり、商品名として使うのは違法である）。

　私たちが説明する場合には、AISCEAS（アイシーズ）を使う。これは「Attention（認知）、Interest（興味）、Search（検索）、Comparison（比較）、Examination（検討）、Action（行動）、Share（共有）」の頭文字を取ったもので、AISAS に Comparison（比較）と Examination（検討）を付け加えたものとなっている（右ページの図）。

　Web 接客とは、AISCEAS のうち、真ん中の「CEA」、すなわち比較・検討・行動のステージでユーザーに働きかけることで

認知 Attention 興味 Interest 検索 Search 比較 Comparison 検討 Examination 行動 Action 共有 Share

行動を促し、その後の共有でも良い影響を与えようとする働きかけのことを指す。したがってCとEのないAISASを使ってWeb接客を説明するのは困難だ。

　AISCEAS と 7 文字もあるため覚えにくいかもしれないが、まずはこれを頭に入れていただきたい。そして、Chapter.3 から Chapter.5 にかけて説明する、LP（ランディングページ）、エントリーフォーム、サンクスページの 3 つのプロセスはそれぞれ、LP が比較と検討、エントリーページとサンクスページが行動に対応するプロセスだ。

コンバージョンは量よりも質が求められるようになった

　購買も含めた申し込み全般をコンバージョンという。今ではコンバージョンに関する指標（CVR、CPA など）よりも LTV が重要な指標になったと Chapter.1 の冒頭で説明した。

　しかしいくら LTV が重要といっても、それ以前にコンバージョンがなければ話にならない。LTV を向上させるには、まず

コンバージョンの質を高めないといけないということだ。今でもコンバージョン自体の重要性は変わっておらず、CVR やCPA も変わらず重要指標となっている。

　ここでいうコンバージョンの質とは、原価を割るような格安キャンペーンや誇大広告ギリギリの商品説明でかき集めたようなコンバージョンは質が低く、ユーザーが納得して購入し、購入後も使い続けてくれるようなコンバージョンは質が高いという意味だ。LTV を向上させるためには、売れればいいという質の低いコンバージョンではなく、使い続けてくれるような質の高いコンバージョンでなければならない。

　したがって Web マーケティング担当者は質の高いコンバージョンを目指さなければならないわけだが、そのためには、質の高いコンバージョンを獲得する方法を熟知する必要がある。

　第一に取り組むべきは、LP をユーザーのインサイト（自分でも明確でない深層心理的な興味・関心）に合わせて用意することだ。例えばダイエット商品であれば、インサイトが効果重視なのか、確実性重視なのか、価格重視なのかに合わせて LPを作り込む必要がある。多くのユーザーは興味・関心のないことが書いてあるとすぐに離脱してしまうため、CVR を高めたければまずは離脱を防がなければならない。そのためには訴求内容をユーザーのインサイトに合わせる必要があるということになる。

全体のコンバージョン率を見て
一喜一憂しても始まらない

Web マーケティングの担当者であれば、Google Analytics を使って CVR をチェックしたことがあるだろう。Google Analytics ではサイト全体、流入元別、LP 別の CVR の確認が可能だ。Robee でも同じデータを確認することができるが、Web 接客で使いやすいように可視化されている。LP 単位で、流入元ドメイン、流入数、コンバージョン数、CVR 等が横並びで見られるようになっているのだ（図）。

	ドメイン ⬍	⦿ 流入数 ▾	◯ CV数 ⬍	◯ CVR ⬍	◯ L
☐	www.google.co.jp 🔗 📄	4,188	6	0.14%	
☐	www.google.com 🔗 📄	2,803	7	0.25%	

この LP 単位で「流入元」別にコンバージョン数や CVR を見ることが、LP の改善のためにまず重要なことなのだ。なぜなら、流入元を見ればユーザーの現在のステージやインサイトが予測できるからである。これも前提として頭に入れておいていただきたい。

さて、Robee では CVR を可視化できることにより、流入数が多いのにコンバージョン数が少ないということや、逆に流入数が少ないのにコンバージョン数が多いといった異常値がすぐ

に分かるようになっている。

　これらはもちろん CVR の異常値となって現れるため、どの流入元が「異常」かは Google Analytics でもすぐ分かる。しかし、CVR が同じ 1％で、流入数が 100 人の場合と 10,000 人の場合ではどうだろう。多くの人は、流入数 10,000 人のほうが施策を打つ優先度が高いと考えるのではないだろうか。

　実は、本当に流入数 10,000 人のほうを優先すべきかどうかはこの時点では分からない。別の要素を考慮に入れる必要がある。

ステージが早い段階で
CVR を気にしても仕方ない

　考慮に入れる別の要素とは何か。それはユーザーが購買プロセスモデルのステージのどこにいるかということだ。

　例えばある事業会社の流入ドメイン別のコンバージョンを見ていたとする。そのとき、ある検索エンジンドメインからの流入数は 4,188 人、CV 数が 6（CVR は 0.14％）。またあるアフィリエイトサイトからの流入数は 606 人、CV 数は 31 件（CVR は 5.12％）だった。

　この数字を見たとき、多くの人が検索エンジンからの CV 数向上に取り組まないといけないと考えるかもしれない。しかし、それはいささか早計というものだ。というのは、この 2 つの流入元を比較すれば、明らかにユーザーのステージが違うから

である。

　検索エンジンドメイン（アドネットワークのようなペイド広告）からLPに入ってきたユーザーは、最近その商品・サービスの名前を知り、「いったい何のことだろう」と流入した人が多くを占める。つまり認知ステージにいる人がほとんどだ。

　「いったい何のことだろう」という状態のユーザーがLPに来て、すぐに購入申し込みをするケースはほとんどないことは、統計データでも明らかになっている。そのため、認知ステージと考えられるユーザーのCVRが0.14％でもそれほど気にする必要はない。

　一方アフィリエイトサイトの広告は、アフィリエイターがあらゆるテクニックを駆使して購入意欲をそそるように書かれている。もちろんアフィリエイターの能力も大いに関係するが、アフィリエイト広告を見てLPに流入してくるユーザーはある程度高い購入意欲をもって訪問してきたと考えられる。ステージでいえば、比較または検討ステージに入っているということになる。

　流入元のアフィリエイトサイトにもよるが、過去のデータからも10％程度のCVRが平均的だと分析している。そう考えると、このクライアントでの5.12％というCVRは決して高いものではない。

　以上の考察から、このクライアントでは検索エンジンドメインよりもアフィリエイトサイトから流入してくるユーザーを意識してLPを改善する必要があるといえるだろう。

競合他社の実績と比較せよ

　ただし、実際に施策を打つ前にもう一つだけ検討するべきことがある。それは競合他社との比較だ。

　検索エンジンドメインの CVR が 0.14% でも気にしなくていいというのは、競合他社と比較してもあまり変わらないからだ。仮に競合他社における平均 CVR が 0.5% だったら大問題だ。特にこの場合、ペイド広告で流入数が多いので、コンマ数%の差でも大きな売上のロスとなる。しかし、認知ステージのユーザーは受動的に情報を取得し LP へ流入することが多いため、このようなことは現実的には起こり得ない。とはいえ、施策を打つ必要がある場合もある。

　一方、流入元が同じアフィリエイトサイトで、競合他社の平均的な CVR が 5% 程度だった場合はどうか。このアフィリエイトサイトからの CVR 向上も必要かもしれないが、とりあえずペンディングして、ほかにもっとてこ入れが必要な流入元がないかを調べるべきだ。

　以上の話を総括すると、LP を改善する優先順位を決定する際には、流入元が示すユーザーのステージを見極めて、競合他社と比較して成果が出ていない流入元を優先するのがいいということになる。

　ここで問題が一つ浮上する。どうすれば競合他社の CVR が分かるのか、ということだ。それには競合分析ツールを使用

する。競合分析ツールは一般的に使われているもので、Robee
にはその機能は組み込んでいない。競合他社の流入元別の
CVR を知るのに向いているツールとしては、SimilarWeb をお
勧めしたい。

　優先順位を決める要素がもう一つだけ存在する。それは費用
対効果だ。その流入元にかける広告費に見合う売上が得られる
かどうかも加味し、実際に施策を打つかどうかの最終決定を行う。

なぜ優先順位付けが重要なのか

　実際の分析や施策の話に入る前に長々と優先順位の話をした
のは、本書を読んでいただきたいと考える方々が施策展開に工
数を割きづらい状況にある企業のマーケティング担当者や経営
者だからだ。他の業務を兼務しながら Web マーケティングに
も取り組んでいる方が多いと考えている。

　施策自体は Robee のようなツールを使用すれば簡単に実施
することが可能だ。Web エンジニアや Web デザイナーに頼る
必要がないためコストも最小限に抑えられる。それでもすべて
の流入元に対して対策を打つ時間を捻出するのは困難だろう。

　したがって効果の高い施策に高い優先順位を付けて、それ
から順番に取り組んでいくことが最も得策だといえる。Robee
のようなツールを使用することでコストはある程度抑えられる
ため、あとは最短の時間で最大の効果を出すことに集中して取

り組んでいただければと思う。

まずは流入元をチェックする

　次に、LPの改善について説明する。まずは仮説を立てるための分析の方法から説明しよう。

　分析するといっても、前述したとおり最初にやるべきことは「LPをユーザーのインサイトに合わせて用意する」ということだ。したがってまずユーザーのインサイトを分析することが第一となる。

　難しく感じるかもしれないが、実際はそれほど難しくはない。ここまでで流入元ドメインは分かっているため、そこを見に行き、どんなことが訴求されているかを確認すればいいだけだ。

　例えば事業会社が全身脱毛・痩身エステサロンを経営しているA社だとしよう。流入元の一つである口コミサイトからA社のLPにリンクされているバナー画像は右ページの図のとおりだった。この画像からユーザーが受け取ることは何だろうか？

　社名は分かる。全身脱毛と痩身エステのサロンということも分かる。モデルの写真からターゲットは女性で、この会社の商品なりサービスなりを使うと、肌を露出しても見栄えのするスタイルになれるのだなと想像する。

　しかしそれよりも目立っているのは、明らかに価格だ。初回分 0 円というのは今そういうキャンペーンを実施しているということだろう。月々 5,700 円という金額も、おそらくこのようなサービスを検討している人から見ると魅力的なのだろう。

　つまり価格がリーズナブルであることを訴求しているバナーということになる。

　このバナーだけでも、ユーザーの属性もインサイトもかなり分かる。デモグラフィック属性としては、比較的若い年齢層の女性だ。サイコグラフィック属性としては、海やプールなどで肌を露出しても恥ずかしくないスタイルになりたいという欲求があることだ。そしてインサイトは、なるべくお金をかけずに

キレイになりたいということだろう。

　以上はバナーによる分析だが、流入元のコンテンツとしては
ほかにも文章があるし、サイトによっては動画がある場合もあ
る。それらをさらに分析することでより詳細にインサイトを把
握できる。

流入元と LP のメッセージがズレていたら 一瞬で離脱される

　先ほどのバナー画像をクリックして LP に流入したユーザー
がいたとする。そのとき下の図のような画像が先頭に出てきた
ら、そのユーザーはどう思うだろうか?

「あれ?　初回分０円は?」と思うだろう。「全身脱毛＋痩身

エステ？ そんなの知ってるわよ」とも思うかもしれない。い ずれにしても、そのままページを閉じる可能性が高い。

そんなことで離脱してしまうのかと思う人もなかにはいるか もしれないが、LP に来た 7 ～ 8 割のユーザーは、ファースト ビューを見て離脱するという統計データがある。流入元で受け 取ったメッセージと LP が訴求しているメッセージが違ってい たら、ほとんどのユーザーはファーストビューを見た瞬間に離 脱してしまう。

LP の CVR は 3 ～ 5 ％ぐらいが平均だといわれている。コン バージョンに至るまでには、読み始めて、自分の知りたいこと が書いてあり、それに納得して、申し込もうと思ったら申し込 みボタンがそこにあるというように、いくつもの関門が存在す る。現状 LP に訪問してきた人の 70 ～ 80 ％がファーストビュー で離脱していたとしたら、それが 50 ％になっただけでも、申 し込みボタンにたどり着く人はずっと増える。

申し込みボタンにたどり着かない限りはクリックすることは あり得ない。ファーストビューで離脱する割合を減らすことは 申し込みボタンにたどり着く人を増やすことにもつながるた め、まずはファーストビューを流入元のメッセージと合わせる 必要がある。

ユーザーはまずファーストビューを見て、この LP には自分 の知りたいことが書いてあるかどうかを判断し、ないと判断し たら離脱する。あると判断した場合はスクロールを始める。た だしスクロールしても自分の知りたいことがなかなか書いてい なければ、やはり途中で離脱するだろう。早い段階で自分が知 りたいことが書いてあり、その近くに申し込みボタンがあれば、

クリックする割合は増える。

　皆さんもそのようにしてネットで商品やサービスを購入しているはずだ。あまりにも自然な行動様式であるため、普段から意識している方はおそらく少ないと思うが、次の Section で詳しく説明する「ヒートマップ」を見ればこのような行動様式が存在することを理解いただけるだろう。

分かっているのになぜできないのか？

　逆に、流入元のメッセージと LP のファーストビューのメッセージが一致していると、それだけで入った途端の離脱が減るため CVR も高くなる。

　ここで皆さんが抱く疑問はこうだろう。

　「確かに納得のいく説明だ。データの裏付けもあって言っているのだろう。しかし流入元が訴求しているメッセージごとに LP を出し分けるなんてどうすればできるんだ？」

　ユーザーのインサイトごとに LP を出し分ければ CVR が高くなる、というのは誰に説明しても納得してくれることだ。また流入元を見ればインサイトが分かるというのも分かりやすい話だろう。

　しかし、ユーザーのインサイトが分かったとしても、それごとに LP を出し分けることは、以前は難しいとされていた。難しいというのは技術的にというよりも、時間とコストの観点

から考えてのことだ。LPを出し分けるためには、出し分けたいパターンの数だけLPを用意することになる。これにはWebデザイナーの力が必要だ。また流入元を見て、それに合ったLPを出力する仕組みも必要であり、これにはWebエンジニアが必要となる。

　ここで一念発起してお金と時間を使い、LPも仕組みも用意したとしよう。それでも結果が出るかどうかはやってみるまで分からない。効果がなければまた新たな施策を試さなければならず、LPをまた直す必要があり、Webデザイナーに依頼することになる。

　CVRを上げるための対策は分かるが徒労に終わってしまうかもしれず、踏み出せないというのが現実だ。ただし、以前は難しいことだったが、今はWeb接客ツールを使えばそれも可能になったということなのだ。

デザイナーやエンジニアがいなくても施策が打てるようになった！

　LPにおける施策というのは、具体的にはユーザーに見せるものを変えるということであり、ページの内容を書き換えるために従来はWebデザイナーやWebエンジニアの協力が必要だった。

　当然、今でもこれらの職種は必要である。一からサイトを作ったり、サイトをリニューアルしたりする際には、彼らにしっか

りとしたサイトを作ってもらう必要がある。しかし仮説検証のための試行錯誤をしている段階で、彼らに登場願うのは、コストも時間もかかるのでなるべく避けたいところだ。

　この段階ではできるだけ Web マーケティング担当者だけで解決できるようにならないと、時間もコストもかかり、またユーザーを即時にキャッチできないため機会損失につながってしまう。そこで、Web マーケティング担当者が試行錯誤しながら Web サイトでのユーザー対応を改善していこう、という目的で生まれたのが Web 接客ツールだ。

　Chapter.2 で紹介した「Web 接客ツール AI カオスマップ」(54ページ参照) を見ると、同心円のいちばん外側に「ポップ型」「チャット型」「複合型」と書いてある。これはそのツールで実現できる施策を表している。

　Web デザイナーや Web エンジニアに頼まずに施策を打つということは、自らサイトになんらかの付加物を設置するということだ。例えば LP にユーザーが入ってきた際に、ポップアップを出すようにすれば、ユーザーから見たファーストビューをそのポップアップに変更できる。

　付加物の代表がポップアップとチャットボットであり、Web 接客ツールはこのどちらかだけをサポートしていることが多い。複合型はポップアップとチャットボットの両方をサポートしているということで、Robee はこの複合型にあてはまる。

　実は Robee がサポートしている施策はもう一つ存在する。それが「A/B テスト」だ。したがって Robee は都合 3 種類の施策をサポートしていることになる (右ページの図)。

改善施策

ポップアップ

A/Bテスト

チャットボット

Robee のサイドバーの一部。対象となるページを管理する画面を開き、サイドバーから施策を選ぶと、施策の設定ができる。

A/B テストとは、他の要素は変えずに一つの要素だけを変えた2種類のページをユーザーに対してランダムに表示し、どちらの効果が高かったかを検証するテストのことだ。LP で CVR を高めるためには、まずファーストビューを流入元のメッセージと合わせる必要があると述べたが、つまりファーストビューの画像を入れ替えたページを作ればいいということであり、

Robee の「A/B テスト」機能を使えばそれも可能となる。

訴求メッセージ以外にもある
ファーストビューの修正ポイント

　ユーザーのインサイトを分析し、それに合わせたファーストビューを出し分けることが CVR 向上の第 1 歩だ。ファーストビュー以外の改善ポイントについては、Section. 2 で説明する。ここではユーザーのインサイト分析という本筋からは外れてしまうが、ファーストビューの改善ポイントについてまとめておく。

基本的には、他社にない訴求内容やメリットを打ち出して差別化することが大切だ。とはいえそれが難しい。事業会社の立場で聞けば差別化こそ頭を悩ませる部分であるが、ユーザーの視点で見れば、このご時世どこも似たり寄ったりなサービスになっていることは否めない。

　そのためには競合他社のLP、特にファーストビューをよく観察することだ。訴求しているメッセージはもちろん、フォントや写真、使っているタレントやモデル、見やすさなどすべてがユーザーの比較対象になっている。こういったすべての要素で、何でもいいから競合他社に負けない部分を見つけだし、なければつくりだし、広げていく努力をするしかない。改善したらA/Bテストを繰り返し、少しずつ反応の良いものに変えていくといった地道な努力の積み重ねが必要なのだ。

　その意味では、すでに結果を出している競合他社のデザインは参考になる。何度もA/Bテストを繰り返して、今の形になっているからだ。もちろん写真やキャッチコピーをそのままコピーするようなことは違法行為であるため、コンセプトを真似することになる。

　勘やセンスに頼ったり経験が必要だったりするノウハウは、本書ではできるだけ避けて通るつもりだが、コンテンツづくりはどうしてもある程度の経験が必要だ。ただ経験を積むといっても闇雲に積んでも仕方がない。必ずA/Bテストを行い、データに基づいた結果検証をしながら、得られた知見は言語化するなどして、効率よく、また後続の人に伝えられるように積み重ねていくべきだろう。

　ファーストビューに関しては、もう一つ改善ポイントが存在

する。ファーストビューの表示速度の改善だ。これはまったく勘や経験則は必要なく、実測して、技術の力で改善できる。

　ファーストビューの表示速度が遅いと離脱率が高まることが分かっている。ユーザーが耐えられる限界は3秒程度、1秒以内に表示することが望ましいとされている。したがってファーストビューの表示が遅い場合には、画像を圧縮するなどして、とにかく表示を速くすることだ。それだけで離脱率は改善される。

　ユーザーから見たファーストビューの表示速度は、PageSpeed Insights を使えば無料で調査可能だ。ファーストビューについては、First Contentful Paint（FCP）という指標で分かる。PageSpeed Insights では、これ以外にもさまざまな指標があり、緑・黄・赤でレベルを示している。表示が遅いところがあると、そこはすべて離脱ポイントになり得るためできるだけ赤を減らし、緑を増やす努力をしよう。

広告系タグの置き場所を見直す

　LPは集客するページであるため、広告系タグが置かれることが多いページとなる。しかし広告系タグを設置し過ぎると、ファーストビューの表示が遅くなるという悪影響が出てくる。したがって、ファーストビューの表示が遅い際は、まず広告系タグが多過ぎないかをチェックしてほしい。

また広告系タグを設置する位置もチェックしよう。HTML
の head タグ内に埋め過ぎると、たとえ非同期で読み込むとし
ても、ファーストビューの読み込みが遅れてしまうので、その
分表示までに時間がかかるようになる。広告系タグを置くので
あれば、できるだけ body タグの終わりのほうに入れるといい
だろう。

　また GTM（Google Tag Manager）や YTM（Yahoo! タグマ
ネージャー）などのタグマネージャーを使えば、タグの発火（動
作）のタイミングを調整することが可能だ。ページが表示され
てからタグが発火するように変更しよう。

CDN を導入する

　そのほかにファーストビューの表示を早める方法としては、
CDN（Contents Delivery Network）の導入が考えられる。こ
れは、Web 上のコンテンツを効率的に配信するために工夫さ
れたネットワークのことだ。

　ファーストビューに限らず、画像を含めたコンテンツの配信、
動画配信なども高速化されることとなる。Web マーケティン
グではそのページ全体の表示速度も重要であり、今後は動画に
よるプロモーションもさらに重要になるだろうから、一度導入
を検討してもいいかもしれない。

Google サジェストにも対策が必要

　ユーザーのインサイトに合わせて LP を変えるという意味では、Google サジェストへの対策も重要だ。これは Robee でできる対策ではないが、Web マーケティング担当者としては知っておいていただきたい知識なので説明する。

　Google サジェストとは、Google 検索するときにキーワードを入力すると、他のユーザーが入力しているサブキーワードを補完してくれる機能のことだ（図）。

← エステ 効果	×
Q エステ 効果	↖
Q エステ 効果**ない**	↖
Q エステ 効果 **持続**	↖
Q エステ 効果**ある**	↖
Q エステ 効果 **顔**	↖
Q エステ 効果 **知恵袋**	↖
Q エステ 効果 **期間**	↖
Q エステ 効果 **時間帯**	↖

ユーザーが入力しているキーワードがそのまま出てくるため、事業会社の立場から見ればドキッとするようなネガティブなサブキーワードが出てくることもある。例えば「効果がない」や「詐欺」といった文言だ。

　Google サジェストに出てくるサブキーワードは、ビジネス上不利になるということであれば、Google に申請すると削除できることもある。しかし、ネガティブなサブキーワードを逆手にとって利用する手がある。

　正義感にかられているジャーナリストや実際に被害にあった人でもない限り、一般のユーザーは、「効果がない」ことを望んでいたり、「詐欺」であってほしいと願っていたりして、これらのネガティブキーワードを入れているわけではない。「『効果がない』と言っている人がいるといやだな」とか「『詐欺』でなければいいな」という気持ちで、つまり安心したくてこのような検索をしていることが多いのだ。

　であれば、そのインサイトに応える LP を作ればいいということになる。「●●（商品名）効果がない」というキーワードで SEO 対策をして、「●●には効果がないという噂があるが、根も葉もない話で、実際にはユーザーからこんなに喜びの声が来ている」という内容の LP が読まれるようにすればいいのだ。安心感を得たいというインサイトでその LP に訪れるユーザーが多いわけだから、その LP の CVR は当然高くなる。

　実際、サプリメントなどの LP で多く使われている手法である。ユーザーに与える効果が高く、ネガティブな口コミが表示されにくくなるという意味ではリスク対策にもなるため、広く使われている手法だ。

ただしこのような対策は、前述したように Web 接客ツール
の機能でできることではない。場合によっては、SEO 対策を
含め、外部へ依頼する必要があるかもしれない。

効率的な流入元の選び方

　オーガニックサーチ（ナチュラルサーチ）や SNS のハッシュ
タグ以外の流入元については、クリック報酬のリスティング広
告であろうと、成果報酬型のアフィリエイト広告であろうと、
載せるだけで料金が発生する純広告であろうと、すべて費用対
効果を管理する必要がある。管理コストと負荷はできるだけ小
さいほうがいいのはいうまでもない。
　広告プラットフォームには、ユーザーが購買プロセスのどの
ステージにいるかで向き不向きがある。例えば認知ステージに
いるユーザーにはディスプレイ広告などが向いている。あとは
行動ステージ向けがほとんどで、アフィリエイト広告、リスティ
ング広告、ニュースサイト（スマートニュースやグノシーなど）
がこれに該当する。認知ステージと行動ステージの両方に向く
のが、Facebook と Instagram だ。
　またユーザーのデモグラフィックデータによっても、向き不
向きがある。例えば Instagram は女性がターゲットの場合に向
くことが多いし、スマートニュースは会社員のユーザー向けだ。
　またそれぞれの広告プラットフォームの特徴もある。アフィ

リエイト広告のほとんどは成果報酬型のため、売上がなければ基本料金以外のコストはかからない。費用のリスクが小さく始められる広告媒体だ。

　Facebook広告やLINE広告は、アクティブユーザーが多いのが強みだ。特にFacebookはユーザーのデモグラフィック属性・ジオグラフィック属性・サイコグラフィック属性のすべてをきめ細かく押さえているので、かなり細かいセグメンテーションが可能となる。

　広告媒体を絞っている事業会社が存在していることは確かだが、世にある広告媒体の特徴や強み・弱みをひととおり押さえておき、広告による売上目標と予算、自社の体制を踏まえて、管理可能な範囲で幅広く流入元を用意しておくのがベターであり、王道である。

LP の内容を見直すことで
さらに CVR 向上が見込める

Chapter. 3

　Section.1 では、CVR を高めるだけではなく、質の高いコンバージョンを目指さなければ LTV の向上につながらないことを大前提として、流入元のメッセージから分かるユーザーのインサイトと LP の訴求メッセージを合わせなければならないことをまず説明した。一方、LP ではファーストビューで 70 ～ 80％のユーザーが離脱しており、ファーストビューでの離脱を減らすことで CVR を向上させることが可能だということも説明した。

　そこで、まずはファーストビューでの離脱を防ぐための施策について説明し、実際の施策も解説した。実際に、ファーストビューを改善しただけで、CVR は 10 ～ 20% 向上するというデータも出ている。

　しかしファーストビューだけを改善するよりも、LP の内容をよりユーザーのインサイトに合わせることでさらに CVR 向上を目指せるのはいうまでもない。さらにフォントや画像の見やすさを向上させたり、スマホで見る人が多いことを考慮したり、微調整を施すことで CVR はさらに高まっていく。

　そこで Section.2 では、LP 全体を見直すことで、ユーザー

に読んでもらいたいところを確実に読まれるようにし、LP の CVR を最大限に高めるための方策を解説していく。

闇雲に申し込みボタンをいじっても効果はない

　Web で「LP 改善」といったキーワードで検索すると、たくさんの記事がヒットする。勉強になると思う記事もある一方で、どういった根拠でこのようなことを書いているのだろうと首をひねる記事も多数存在する。

　多く見られるのは、「ボタンの色を目立つ赤に変えよう」「ボタンのテキストをより行動を促す強い言葉にしよう（例）次ページへ→申し込む」といった、申し込みボタンを変更しようというものだ。

　堅実に Web マーケティングに取り組んでいれば、アクティブな LP は存外多くなるものだ。その全部でボタンを変えるのは手間ではないだろうか。しかも一つの LP のなかだけでも申し込みボタンは複数設置されている。ボタンを変えるといっても、そのすべてを変更しようものなら、変更管理だけでもそれなりの工数がかかると思う。

　労力に見合う効果があるのならやるべきかもしれない。しかし、実は何社かで調べたことがあるのだが、申し込みボタンの色を赤に変えても、文言を変えても、有意差が出なかったことが多々ある。なかには CVR が下がったサイトさえあるほどだ。

ただし、ボタンを変更して明確に分かる形で CVR が向上した LP も確かに存在する。それは、データに基づいた分析をした結果、あるボタンがまったく見られていないことが判明し、それを改善したところ、実際に申し込みが増えたという例だ。

　ここで、本格的な Web マーケティングを目指す皆さまに声を大にして言いたいことは、いかにもありそうなことであっても、データの裏付けがなければ鵜呑みにしてはいけないということだ。むしろいかにもありそうなことこそ疑っていただきたい。疑うことで、自分の目でしっかりデータを見て判断しようという姿勢が生まれるだろう。この姿勢こそが、Web マーケティングで成功するうえで、最も重要な要因だと私は考えている。

　LP の修正箇所を考えるうえでも、現状をデータで把握し、修正すべき箇所を決めていくことが重要であり、よくある「もっともらしい一般論」を試すことが Web マーケティング担当者の仕事ではない。

　とはいえ「LP でデータを見るといっても、PV 数、ユニークユーザー数、CV 数、CVR、離脱率、直帰率ぐらいしか分からない。それでどうやって修正箇所を特定するんだ」と言う方もいるだろう。もっともな疑問だ。

　こういうときこそツールを使えばいい。

ヒートマップでコンバージョンしている LP とそうでない LP を比較

　Robee には、LP の読まれている箇所とそうでない箇所を分析するためのヒートマップという機能が備わっている（図）。

　Robee のタグが入っているページに対して、Robee はユーザーがページのどの部分を見ているかをトラッキングしている。その結果を集計し、全ユーザー、コンバージョンしたユーザー、コンバージョンしていないユーザーのそれぞれの平均値を可視化したものが見られるようになっている。「ヒートマップ」という名前のとおり、よく読まれている箇所がより熱い色（暖色）で表れるようになっている（これら以外にも、例えばA/B テストの結果を比較することも可能だ）。

　3 種類のユーザーのヒートマップが横並びになっているので、一目で以下のことが分かる仕様だ。

- コンバージョンしたユーザーが平均よりもよく読んでいる箇所
- コンバージョンしたユーザーが平均よりも読んでいない箇所
- コンバージョンしていないユーザーが平均よりもよく読んでいる箇所
- コンバージョンしていないユーザーが平均よりも読んでいない箇所
- コンバージョンしたユーザーとコンバージョンしていないユーザーの見ているところの違い

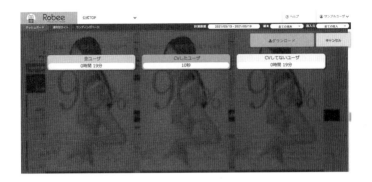

　またこの図には出ていないが、ユーザーの75％が離脱せず
に残っていた箇所、50％が残っていた箇所、25％が残ってい
た箇所が分かるようになっている。

　ヒートマップを見れば、例えばコンバージョンしないユー
ザーがあまり見ていない箇所が明確に分かる。それを見て「ど
うしてここは見られていないのだろう？」と仮説を立てて、そ
の仮説に基づいてその箇所を変更し、A/Bテストの結果から
仮説を検証する──このようなサイクルを回すことで、LPの
CVRが向上していく。

　申し込みボタンに関していえば、そもそもユーザーに見ら
れていないのであれば赤にこだわらずそのLP内で目立つ色に
変えてみればいいし、クリックされていないのであればテキ
ストを強い言葉に変えてみればいい。変更もすべてのLPに対
して行うのではなく、そのLPの、さらにいえばある１点だけ
の変更で構わない。そして、変更したらA/Bテストで比較す
る──この繰り返しになる。

LPの改修はヒートマップを見ながら すぐに施策が打てる

　ヒートマップを見てここを変更したいと思っても、従来はページの改修にはWebデザイナーやWebエンジニアの力が必要だったため、即時の実施は不可能だった。

　しかしRobeeを使用すれば、ヒートマップを見ながら、A/Bテスト機能を使って画像などのコンテンツを入れ替えることができる。

　ポップアップ機能での対応も可能となっている。LPの下のほうに特別キャンペーンを告知したのにまったく申し込みがないときは、LPに訪問した瞬間にポップアップで特別キャンペーンを告知する手法に変えればいい。これもLPの下にあるコンテンツを上にもっていくにはWebデザイナーに依頼しなければならないが、ポップアップで代替するのであればマーケティング担当者だけで施策を打つことが可能となる。

　こうしたことはWeb接客ツールなら必ずできるわけではない。ユーザー行動の分析から施策までを一つのツールで行える、複合型ツールであるRobee（54ページ参照）だからできることだ。

　人的リソースが潤沢とはいえない企業で本格的なWebマーケティングに取り組むには、Robeeのような複合型のWeb接客ツールが便利であることは、ここまでの説明でも明白だろう。

　これで、LPの改善において実施することの全体像を押さえ

ることができた。次からは、LPの改善ポイントについて解説
していく。

読ませたいところは上にもってくる

ブラウザであろうとスマホアプリであろうと、ページは上か
ら下へとスクロールする。したがってユーザーもページを上か
ら下へと読んでいくことになる。また全員がページのコンテン
ツを全部読むわけではない。途中で読むのをやめて離脱する人
は必ず存在する。

そもそもファーストビューで70〜80％のユーザーが離脱
するのだ。最後まで読む人はごく一握りだろう。それに申し込
みボタンは途中に何カ所もあるわけだから、申し込んだユー
ザーであっても最後まで読まない人は多い。

以上から分かることは、LPに限らずどんなページでも、先
頭がいちばん読まれていて、下に行くほど読まれなくなるとい
うことだ。

当たり前だと思うだろう。しかし、このことを忘れている
Webマーケティング担当者が意外と多いように思う。実際、
大切なことを下のほうにだけ書いてあるようなLPはこの世に
いくつも存在している。

このような配置をする人は、ユーザーは自分に関係のない箇
所は読み飛ばしながら、自分に関係のある箇所を探すと考えて

いるのかもしれない。何かを調べるために Web 記事を見ているのであればそうする人もいるだろうが、残念ながら LP ではほとんどの人が自分に関係ないと思った時点で離脱する。

したがって、読んでほしいと思うことはできるだけ前にもってくることが重要となる。できればファーストビューに入れてしまいたい。

それが難しいために Robee のようなツールを使用してポップアップを出す方法を説明したわけだが、Robee ではポップアップを LP の先頭だけでなく、ある程度スクロールしたところで出すことも可能だ。いきなりポップアップを出せばかえって離脱が増えることもあり得るため、もしポップアップを出したことで離脱率が増えてしまった場合は、少しあとで出すように変更して試せばいい。

流入元のメッセージと合わせる原則は同じ

Section.1 で、流入元のメッセージと LP の訴求メッセージを合わせるべきだと述べたが、流入元のメッセージと合わせるのはなにもファーストビューだけではない。ファーストビュー以外の部分も合わせることが大原則だ。

確かに、ファーストビューを変えるだけでも CVR が向上するというのはデータで実証されている。では、ファーストビューで訴求している内容を LP 内の他部分でも強調していればどう

だろうか。それによってユーザーが欲している情報を前面に押し出せるわけだから CVR はさらに向上するはずであり、さらに余計な情報を排除できるため、LP を短くできるという利点もある。長い LP よりも短い LP のほうがユーザーにとっては読みやすいし、訴求ポイントも明確になるため、それもまた CVR 向上の要因になるのだ。

初回訪問と 2 回目以降で LP を変える

　短い LP のほうが CVR が高いのであれば、なぜ世の中には長い LP が多いのだろうか。それは初回訪問時と 2 回目以降の訪問時では、ユーザーの知りたいことが異なるからだ。そして一般的には、初回訪問時を想定して LP を作成しているからだ。初回訪問時に知りたいことが分からなければ 2 回目以降の訪問はあり得ないと考え、事業会社側は次々に情報を盛り込むのである。

　初回訪問時ではまだ認知ステージのユーザーが多く、商品・サービスの全体像を知りたがっていることが多い。商品・サービスの全体像をしっかり伝えるということであれば、伝える情報も多岐にわたり、どうしても情報量が多くなってしまう。

　しかし 2 回目以降になると、ユーザーの商品理解が進んでおり、評価・検討ステージに入っているため、比較したいポイントだけを求めている。このようなユーザーは長い LP でも自

分の知りたい箇所までスクロールしてくれるが、それでもなかなか見つからないとイライラして離脱してしまい、競合商品のページに移ってしまう。

　2回目以降のユーザーが何を知りたいかは、流入元で何を訴求しているかを見れば分かる。したがって、2回目以降のユーザーが知りたいことだけで構成した短いLP（あるいは、ユーザーの知りたいことが先頭に書いてあるLP）を用意すればいいということになる。

　要するにユーザーの訪問回数が初回かそれ以外かでLPを出し分ければいいわけだが、通常そのようなことは難しいため、多くの会社が初回訪問用のLPだけを用意しているというのが現実だ。

　しかしRobeeを使えば、簡単にLPの出し分けが可能になる（図）。

Robeeでは、画像・テキストなどのオブジェクトを表示する条件を細かく設定できる。訪問回数もその条件に含まれている。

Robee には、画像やテキスト、ボタンなどのオブジェクト
を表示する条件を細かく設定する機能があり、そのなかに訪問
回数を指定する機能がある。この機能を使えば、初回訪問時の
LP と 2 回目以降の LP を出し分けることが可能なのだ。
　ちなみに Robee は、ファーストパーティー Cookie を使用
してユーザーの訪問回数をカウントしている。仕組みは簡単で、
ユーザーがそのページに訪問するたびに、Cookie 内に定義し
た訪問回数欄に 1 を加えている。
　ユーザーのインサイトに合わせて LP を出し分けることで
CVR を向上させたいと考えた方は過去にもいたかと思うが、実
現には至っていなかった。作成も管理もコストがかかるからだ。
　こういうことはやはりツールがないと難しい。Robee のよ
うなツールを使用することで、プログラムレスで、ユーザーの
流入元や訪問回数によって表示する LP を変更することが可能
となるのである。

Chapter. 3

初回用 LP と 2 回目以降用 LP では
申し込みボタンの数についての考え方を変える

　LP を作成する際に、申し込みボタンの数はどのぐらいが適
正かという質問をよく受ける。これはケースバイケースであり、
作ってからヒートマップを見ながら調節するというのが我々の
回答だ。
　ただ基本的な考え方は存在する。それは、じっくり読んでも

らいたいときは申し込みボタンを減らし、申し込みを促したいときは申し込みボタンを増やすということだ。

　この原則に基づけば、初回用 LP は申し込みボタンの数を控えめにすべきであり、2 回目以降用 LP は要所要所に申し込みボタンを設置すべきだということになる。

　具体的な数字は、実際に LP を公開し、CVR 等の指標値やヒートマップを見て調整していくのがベストだ。

ユーザーに「同じ LP を見に行ったはずなのに変だ」と思われないか

　初回訪問と 2 回目以降の LP を出し分けると、ユーザーから見ると変な感じがするのではと不安の声が上がるかもしれない。その心配はもっともだと思う。

　そこでまずは特定の流入元に限定して、A/B テストを実施するのがいい。A/B テストの結果の違いもヒートマップで見られるため、それを基に判断する。

　また、訪問回数が 3 回目のユーザーにはこの LP、4 回目のユーザーには……と細かい指定も可能だが、それほど意味があるとは思えないし、管理も大変になるだけだ。それでユーザーに不信感をもたれてしまったら元も子もないため、初回と 2 回目以降という 2 段階の出し分けにとどめておくのが無難だ。

LPのページ分けをしない理由

　短いLPのほうが読みやすいということであれば、長いLPのページを分割して、ボタンクリックで次ページへ進んでもらうという手段もある。企業でWebマーケティングを担当している方はこんなことをしようとは思わないだろうが、なかには、LPの読みやすさが増したり、ページを分けるとサイト全体のPV数が増えるため、一石二鳥だと、LPを分割している方もいるかもしれない。

　その方には少々厳しい言い方になるが、これはまったく得策ではない。解説記事のような、基本的に最後まで読んでもらうことを前提としているコンテンツならPV数は増えるかもしれない。しかし知りたいことが書いてなければすぐに離脱されてしまうLPでは、2ページ以降に移るユーザーはごくわずかだと断言できる（ファーストビューで70〜80％が離脱することを思い出していただきたい）。

　初回訪問ユーザーなら商品について詳しく知りたいから読むだろうと考えている方もいるかもしれないが、ことLPに関しては、一つ何かステップを設けるとそれが離脱ポイントになることが判明している。次ページボタンはかっこうの離脱ポイントとして機能することだろう。

　ここはやはり、前述したとおり初回訪問ユーザーであれば多少長くなっても1枚のLPを、2回目以降のユーザーにはイン

サイトに応じてコンテンツを絞った短いLPを出し分けるのが
得策だといえる。

権威性訴求、価格訴求、期間限定のポイント

　権威性訴求、価格訴求、期間限定は広告の常套手段で、もち
ろんLPでもよく使われている。それぞれについて考えていこう。

　権威性訴求の方法としては、お客さまの声や有名人・専門家
の推薦などがよく使われる。これらはいきなり出てくると唐突
な印象があるので、ひととおり商品説明が終わってからか、段
落の切れ目など要所要所に組み込むのが常套手段だ。
　しかし多くの人が離脱してしまっている場所で訴求しても仕
方がない。できるだけ前のほうで訴求したい場合はどうすれば
いいのか。
　ファーストビューに組み込むとしたら、書籍の帯のようなイ
メージで「○○○○氏、推薦！」と大きめのフォントで入れれ
ばいいのだろうか？　しかしファーストビューはできるだけ
ユーザーのインサイトに合わせたいところだ。
　「権威ある商品」「信頼できるサービス」といったインサイト
もないとはいえないが、そもそも権威性というのは、ダメ押し
のためにあるようなものなので、それ自体がインサイトになる
ことは珍しいと思う。

そこでよく取られる手段としては、No.1訴求がある。例えば「アスリートが推薦するスポーツジムNo.1」といったコピーを3つほど並べておき、そのなかでユーザーのインサイトに合うものを別途大きくして載せるというやり方だ（図）。

　No.1はどんなランキングでもいい。嘘は論外だが、事実であればどんなNo.1でも構わないというスタンスでいよう。大事なことは、ユーザーのインサイトにあったNo.1を用意するということだ。

　このようなマーケティングは楽天市場が得意としている。楽天市場のランキングページに行くと、ありとあらゆるランキングがあり、数多くのオンライン店舗がなんらかのNo.1になっ

ている。参考にするといいだろう。

　価格訴求に関しては、競合他社のサイトをよく調査し、最安
値でなかったら潔く取り下げるか、次に述べる期間限定に切り
替えるほうがいいだろう。どのような訴求内容も競合他社と比
較して独自性があるか調べることが重要だが、価格については
最安値に取れるようなインパクトが大きい訴求方法が重要だ。

　期間限定は、ユーザーに早期の決断を促すことが目的である。
これも権威性と同様ダメ押しのために行うものであり、要所要
所に組み込むといいだろう。
　期間限定では売る期間を短くすることで希少性をもたせる
ケースもあるが、高価な商品に対して大幅な割引率を設定する
ケースが多い。初回月会費無料というやり方も一つの手法だ。

出稿するリスティング広告ごとに LP を変える

　オーガニックサーチに対する SEO 対策よりも早々に訪問
ユーザー数を増やせるのが Google 広告（旧 Adwords）や
（Yahoo! の）検索広告などのリスティング広告だ。
　リスティング広告のメッセージを読んでユーザーが流入して
くるのだから、そのメッセージはユーザーのインサイトだと考
えられる。であればやはり、メッセージと LP の内容を合わせ

る必要があるということだ。

　リスティング広告はキーワードごとに複数用意することが一般的だ。用意した広告のメッセージパターンに合わせた LP をそれぞれ用意しておくといいだろう。

そもそもどのようなユーザーが集まっているのか

　自社サイトにそもそもどのようなユーザーが集まっているのかを把握していない事業会社はないと思うが、しっかりと分析して LP づくりに役立てている会社は少ないように感じている。

　Robee では、実際に集客できているユーザーのデモグラフィック属性とジオグラフィック属性を細かく調べることができる（図）。

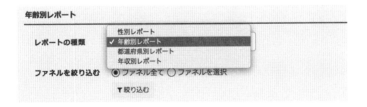

年齢別レポート	
レポートの種類	性別レポート / ✓ 年齢別レポート / 都道府県別レポート / 年収別レポート
ファネルを絞り込む	◉ ファネル全て ◯ ファネルを選択
	▼絞り込む

　それを見ながら、集まっている属性の人たちがどういったもの・こと・文章や画像の雰囲気を好むか、その傾向が分かるため、それを基に LP のコンテンツを考えることが必要だ。

また、集まっているユーザーの属性が似ていることが分かったならば、流入元媒体を特定してそこに予算を割くことも大切だ。

　ただ、いきなり自社サイトに集まったユーザーを分析することは難しいため、まずは流入元のメッセージからユーザーのインサイトを読み取り、それに合わせた LP づくりから始めることを提案している。これなら Robee のようなツールがあれば、誰でもできることだからだ。ユーザーの細かい分析はツールを使用してできることで知見を蓄積し、その後に取り組めばいいことだと考えている。

50％の人が離脱するポイントに 申し込みボタンを置く

　下のほうにしか申し込みボタンがない LP は意外と多いのだが、前述したように、そこまで離脱しないで残っているユーザーはほとんどいない。

　ヒートマップを見ると、50％のユーザーが離脱している場所が分かる（右ページの図）。

　その付近に申し込みボタンを置くと CVR が高くなるという結果が出ているので、試してみるといいだろう。

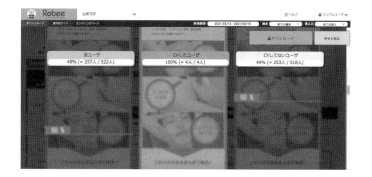

フォントサイズを調整する

　ヒートマップを見ていると、全然読まれていない箇所は文字が小さくて読みにくいことが多い。あるいはよく読まれているのに文字が小さい箇所があり、そこが離脱ポイントになっていることもよくある。そのような箇所は読みやすさを意識してフォントサイズを大きくしたほうがいい。

　あるいは画像の加工の仕方が悪くて文字が潰れている場合もあり得る。このような画像は作り直しが必要だ。

　最近はPCよりもスマホで入ってくるユーザーが多いため、それに配慮することが必要である。PCでしか見られないようなサイトは論外だが、スマホで読める文字サイズを気にしていないサイトはまだ多く存在する。文字サイズは最低でも12ポイントは確保してほしい。

不要な離脱ポイントをつくらない

LPのヘッダー部分に、サイトのトップページに移動するリンクや、メニューバーやログインボタンを付けているLPが稀に見られる。これらはすべて不要な離脱ポイントとなるため極力排除しよう。

コラム
CPA マーケティングの利用のすすめ

Web広告は一般的に単価が安いといわれている。確かにGoogleやYahoo!のリスティング広告でもFacebook広告などのSNS広告でも、マス広告に比べたらはるかに安い。

しかし、リスティング広告もSNS広告もクリック課金やインプレッション課金であるため、成果の保証はしてくれない。広告の出稿金額の上限を決められるとはいえ、成果保証ではないことには、一定のリスクがある。

リスクを最小に抑えたいと考える事業会社には、CPAマーケティングがお勧めだ。なぜならアフィリエイト広告は成果報酬型であり、売上に対して歩合を払う仕組みになっているからだ。広告効果が出なければ基本料金以外のコストは発生しない。

CPAマーケティングを使うメリットはほかにもある。CPA

マーケティングを事業会社や広告代理店から受注し、アフィリエイターに発注する会社を ASP（Affiliate Service Provider）という。ASP の担当者と連携すれば、商品設計などの相談に乗ってもらうことができる。

　事業会社が ASP と直接連携することも可能だが、専門家が間に入ったほうがいいと判断するのであれば、代理店を間に入れることが得策だろう。

Chapter.3

Chapter. 4

〈これだけは押さえろ：
エントリーフォーム＆確認ページ編〉

入力しやすくするだけで
売上が大きく増える！

エントリーフォームで
8割のユーザーが離脱する！

　ここまでを簡単に振り返ると、Web マーケティングにおける最重要指標が LTV になったこと、LTV を向上するには質の高いコンバージョンが必要なこと、そのためには LP、エントリーフォームおよびサンクスページでしっかりユーザーを「接客」しなければならないこと、接客にはツールが必要だということを説明してきた。そして前の Chapter では、LP における Web 接客の考え方と具体的な方法を説明した。

　本 Chapter では、エントリーフォーム（申し込みフォーム）

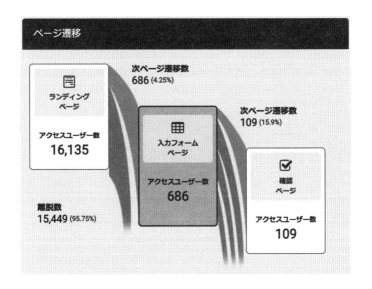

での Web 接客の考え方と具体的な方法を説明していく。

　ここで疑問に思った方もいたかもしれない。「もう申し込みに来ているわけなのに、なんで接客が必要なのか？」と。

　それでは、左下の図を見てほしい。

　これは Robee でエントリーフォームを管理するページから、実際のデータを表示したものだ。アクセスユーザー数の遷移を見てみると、LP では 16,135 人、エントリーフォームでは 686 人、確認ページでは 109 人となっている。

　LP に来てエントリーフォームに入ってきたユーザーが 4.25％ いる。つまり LP での CVR が 4％ ちょっとということで、平均的な数字だといえる。おそらく多くの Web マーケティング担当者が、「4％ のユーザーが申し込んでくれたのか。まずまずだな」と考えることだろう。なかには「4％ のユーザーしか申し込んでくれなかったのか。もう少し頑張らなければ」という目標意識の高い方もいるかもしれない。

　しかし、どちらの担当者の感想も大きな勘違いだ。どちらも「4％ のユーザーが申し込んだ」と思っているが、実際は違う。申し込んだのは、確認ページに行ったユーザーだけなのだ。その数は 109 人。エントリーフォームに来たユーザーの 15.9％ しか確認ページに来ていないことになる。つまりエントリーフォームに来たユーザーの 84.1％ は、エントリーフォームに来ていながら、申し込みをせずに離脱してしまったということなのだ。

　実は、これは特殊な数字ではない。エントリーフォームの改善に取り組んでいないクライアントの平均的な数字だ。何も手

Chapter. 4

111

を打たなければ、エントリーフォームに来たユーザーの80％前後がエントリーフォームのどこかで離脱してしまう。しかも、エントリーフォームの次は「確認」ページなので、ここでも確認せずに、つまり申し込みをせずに帰ってしまうユーザーがいるはずなのだ。

　確認ページもエントリーフォームの一部と考えると、実質8割のユーザーがエントリーフォームで離脱していることになる。

エントリーフォームそのもの以外の 理由は考えにくい

　意外に感じただろうか？　エントリーフォームに来たということは、その時点では申し込みする気満々だったはず。それなのに8割が申し込みをせずに帰っていく。それはなぜなのか？

　申し込みしようとしているところを家族や友人に見つかって、止められたのだろうか？　皆無とはいわないが、あまりありそうにない。

　ではエントリーフォームから商品に関するネガティブな情報を受け取ったか？　商品・サービスに関するネガティブ情報をエントリーフォームに書き込む事業会社があるとは思えない。

　エントリーフォームに入力しているうちに冷静になって、やっぱり買うのをやめようと思ったユーザーはいるかもしれない。煽り系のLPだったら、そこそこの数がいそうな気がするが、

112

8割もいるとは考えにくい。

　エントリーフォームで離脱する理由をいろいろ考えてみたが、ここまで全部合わせても数％にしかならないと思われる。だとすれば、考えられる理由はなんらかの原因で、エントリーフォームに入力するのがいやになってやめてしまったということだ。その原因は、入力項目が多過ぎる、入力しづらい項目がある、せっかく入力したのに入力内容が消えてしまった、などが考えられる。

　つまりエントリーフォームそのものに問題があるために、申し込みを済まさずに帰ってしまうユーザーが8割もいるということになるのだ。

まずは離脱している箇所を把握する

　そうであれば、エントリーフォームの入力項目の数を極力減らして、項目ごとにできるだけ入力がやさしくなるような工夫をすればいい。これは大原則であり、エントリーフォームで多くのユーザーが離脱しているのであれば、すぐにでも取り組んでみてほしい。なにしろ8割の離脱を4割に減らせたら、それだけで売上が倍になるわけだから、これはもう、しっかり取り組むほかない。

　とはいうものの、保険、銀行、証券など金融系の事業会社だとチェックする項目が多いので、入力項目を減らすことは難し

いだろう。また入力しやすくするといっても、どの項目を入力しづらいとユーザーが感じているのかが分からなければ、LPの申し込みボタンの例（88ページ参照）と同じだ。ありそうな一般論にしたがって闇雲な修正をし、結局効果が出なかったということになりかねない。

　LPと同じで、まずは離脱している箇所を把握する必要がある。しかしユーザーがエントリーフォームのどこまで入力しているかは、どうすれば分かるのだろうか。

　もうお分かりだと思うが、このようなときこそツールを使ってほしい。例えばRobeeでは、管理画面で登録されたエントリーフォームの項目を自動収集して、各項目で何人のユーザーが入力したかが分かるようになっている（図）。

順序	ラベル (id名)	フォーム名	自動保管	入力人数	平均入力時間
					フォームレポート 1〜10 / 15件
1	項目1 #en1240790859	エントリーフォーム #fmail	●未設定 ○地域情報	241	00:00:08
2	項目2 #en1330946501	エントリーフォーム #fmail	●未設定 ○地域情報	226	00:00:02
3	項目3 #en1240791078	エントリーフォーム #fmail	●未設定 ○地域情報	214	00:00:07
4	項目4 #en1262055277	エントリーフォーム #fmail	○未設定 ●地域情報	209	00:00:12
5	項目5 #en1262055277_match	エントリーフォーム #fmail	○未設定 ●地域情報	202	00:00:11
6	項目6 #en1242149357	エントリーフォーム #fmail	○未設定 ●地域情報	196	00:00:14
7	項目7 #en1330948594	エントリーフォーム #fmail	●未設定 ○地域情報	190	00:00:10
8	項目8 #en1330948744	エントリーフォーム #fmail	●未設定 ○地域情報	185	00:00:08
9	項目9 #en1331289595	エントリーフォーム #fmail	●未設定 ○地域情報	118	00:00:08

　エントリーフォームでの入力は基本的に上から下に進んでいく。必須でない項目もあるので、必ずしも上の項目より下の項目の入力人数が少ないとは限らないが、LPと同じで、下にい

くほど入力しているユーザーが減少していく傾向がある。つまり、上下で比較して極端に入力人数が減っている項目があれば、そこになんらかの問題があると考えることができる。

　前掲図を見ると、「項目8」では185人のユーザーが入力しているが、「項目9」では118人のユーザーしか入力していない。大きく減っていることが見てとれる。項目9が必須入力でない可能性もあるので、あらかじめその点は確認する必要があるが、これだけ開きがあればなんらかの問題があると考えてよいだろう。

　そこで実際に項目9を見たところ、名前を全角カタカナで入力し、姓と名の間にスペースを入力することが求められていた（図）。パソコンならまだしも、スマホで操作するとなればかなり入力しづらい項目だ。残ったのは185人中118人なので、なんと項目8までに残っていたユーザーの36.2％が項目9で離脱したことになる。

●問題の多い氏名入力欄

氏名：　[　　　　　　　　　　　　　　　]　※必須

　　　　カタカナで入力してください　例：サトウ　ジロウ

　入力しづらい項目があれば、申し込みも多少減るかもしれないと考えていたとは思うが、実際には多少とはいえない数の申し込みが減っていたわけだ。

　申し込みフォームなのだから、名前の入力があるのはユー

ザーも分かっていたはず。だから名前を入力させられることに
反発したわけではない。名前の入力の仕方が面倒で気に入らな
かったから、そこまで残っていた３割以上のユーザーが申し込
みをやめてしまったということなのだ。

　こんなことはデータを見なければ思いもよらなかったのでは
ないかと思う。データを取れるツールをもっていなかったら、
ずっと気づかなかっただろう。気づかなければ改善もできず、
多くの売上を失い続けていたことになる。

　これまでの私の経験でも、エントリーフォームでユーザーが
離脱するのは、だいたいが入力しづらい項目だ。

エントリーフォームでの施策

　エントリーフォームの問題箇所を特定するための分析の方法
は以上である。分析といっても、前後で入力者数が極端に減っ
ている項目を探すだけなので、誰にでも簡単に実施可能だ。

　エントリーフォームのヒートマップを使う手もある。入力項
目の多いエントリーフォームであれば、ヒートマップで当たり
を付けてから、項目別の入力ユーザー数を調べると効率的だ。

　問題箇所が特定できればそこを改修する。同様の項目は一緒
に改修しておくのが望ましい。改修後は、実際に動かして結果
を見てみて、同じ入力項目で相変わらず多くのユーザーが離脱
しているなら、別の手を考える。その入力項目での問題が解決

されていたら、今度はおそらくその先の項目でユーザーが減る
ということが起こっていると考えられるので、今度はその項目
を改修する。

　これらを繰り返して、徐々にエントリーフォームを改善して
いく。基本的な考え方はLPの改善とまったく同じだ。

　入力項目の改修に対して、Robeeでできる施策は3種類ある。

　一つはポップアップ機能による施策で、入力途中で離脱する
ユーザーやブラウザの操作ミスで離脱動作を行うユーザーに対
して、ポップアップで再入力を促す訴求を行うものだ。

　次がA/Bテスト機能による施策で、これは主に入力欄を減
らすのに使える。

　もう一つはチャットボットによる施策だ。これはエントリー
フォーム全体をチャットボットで置き換えるという方法で、最
近流行している。この施策については、あとでまとめて詳しく
説明する。

　具体的な施策の内容を、以下で問題点別に見ていこう。
Robeeだけではできない施策もあるので、それについては明
記しておく。

スマホで入力しやすい氏名欄に

　先ほどの事例にもあったが、氏名欄は意外とユーザーの離脱
が多い入力項目だ。これはスマホでの申し込みが増えたことと

関係があり、スマホで入力しづらい項目があれば、多くの人が離脱してしまう。したがって氏名欄だけでなく、あらゆる入力項目でスマホを意識した設計が必要だといえる。

　スマホでの入力のしやすさという観点で考えると、先ほどの「全角カタカナで、姓と名の間にスペース」を入れさせる入力欄（115ページの図）には3つ問題があった。

　1つ目の問題は、全角カタカナでの入力。スマホのタッチパネルでの入力は一般的にやりづらいため、入力サポート機能がある。入力サポートとは、例えば「たか」と入れると、変換候補として「高原」と出てくるような機能のことだ。スマホのユーザーは入力サポートに慣れているため、自分の名前の先頭の1文字か2文字程度を入れて、そこで候補に出てくる自分の名前を選択することが多いだろうが、たいてい漢字だ。

　そのため、スマホユーザーは、自分の氏名を漢字で入力するのは問題なくても、カタカナで入力することは面倒に思う傾向がある。カタカナだと、名前をすべて入力したあとに変換しなければならないからだ。これがひらがななら、全部入力したあとに変換しないでエンターキーをタップするだけなので、まだ容易といえる。

　2つ目の問題は、スペースを入力させることだ。スマホでのスペース入力はけっこう面倒なことが多い。使っている日本語入力ソフトおよびその設定によって違いはあるが、スペースボタンをタップしたときに、半角スペースが入る人がけっこういる。それを全角スペースに変える操作を面倒に感じる人は多いだろう。全角スペースを半角スペースに変えるのも同様だ。

　3つ目の問題は、入力例だ。例を見ても、間に入れるスペー

スが全角なのか半角なのかがよく分からない。また、全角スペースになっていると分かっていても、半角でも構わないと思う人も多いだろう。

　このように、氏名入力欄は、スマホユーザーにとっては最も入力しづらい入力欄の一つだといえる。おそらくこのエントリーフォームをデザインした人は、ネットでの申し込みを普段パソコンで行っていて、しかもキーボードを打つのに苦労しない人だったのではないだろうか。

　では、この入力欄はどのように改善すればいいのか。

　一つはカタカナではなく漢字で入力させるようにすることだ。また姓と名の間のスペース入力をなくすこと。事業会社のデータの持ち方の関係で、どうしても姓と名を別々にしたい場合には、氏名を一括で入れさせる欄ではなく、姓と名の欄を分けるようにすればよい。

　システムを作る側の視点で考えると、この入力欄を作った人は、氏名を漢字と全角カタカナ、両方の情報が欲しく、さらに姓と名を別々にしたかったのだろう。おそらく顧客データベー

●姓と名を別々にカタカナでも欲しい場合にベストな入力欄

姓：　[　　　　　]　※必須　　名：　[　　　　　]　※必須

セイ：　[　　　　　]　※必須　　メイ：　[　　　　　]　※必須

姓と名の欄に漢字入力するとフリガナが自動入力される

スがそのような持ち方をしているのだと思う。

　そうであれば、姓と名を別の入力枠にし、姓と名の欄に漢字を入力すると、フリガナが自動的に入力できるようにするのがベストだ（前ページの図）。

プレースホルダーは使わない

　プレースホルダーとは、記入欄の中に書かれている、入力のためのヒントのことで（図）、エントリーフォームのスペースを節約したり、スッキリさせたりすることができるので、デザインに凝る人は使いたがる傾向がある。

```
●プレースホルダー

氏名：  [ 全角カタカナ　例）サトウジロウ        ]   ※必須
```

　しかしプレースホルダーのある入力欄も離脱ポイントになりやすい。入力し始めると消えてしまうので、「あれ、何だったっけ？」と入力の仕方が分からなくなる人が出てくるからだ。
　したがって、入力ヒントは入力欄の外に書くのが無難だ。

物理的にも心理的にも
入力しやすい項目から先に入力させる

　項目ごとの入力ユーザー数を見ていると、エントリーフォームの場合は、先頭に近いほうの項目で急激に入力ユーザー数が減り、あとはそれほど減っていかない傾向がある。先ほどの氏名欄の悪い例では、項目8で大幅に減って以降は大差なかった（ただし先ほどの例は残り人数がかなり少なかったという事情もある）。

　人間心理を考えると、ある程度入力してしまったら、それまでの入力がもったいなくなって、なかなか離脱しなくなるのだと考えられる。逆に早い段階で入力が面倒だとか、あまり教えたくないと思われる項目があると、大量の離脱が発生してしまう。

　したがって、エントリーフォームの初めのほうには性別や年齢など選択で入力できる項目を配置し、氏名や住所などの個人情報や自由入力欄などはできるだけあとのほうに回すのが得策といえる。

Chapter. 4

入力項目をできるだけ減らす

　エントリーフォームをざっと見て入力項目が多かったら、それだけでいやになり、瞬間的に離脱してしまうユーザーも出てきてしまう。したがって入力項目をできる限り減らすことが重要だ。

　入会申し込みのときは必要最小限な情報だけを入力してもらい、その後会員ページの入力時に補ってもらう方法は、エントリーフォームの入力項目を減らす常套手段だ。

　必須でない項目は、必要になってから表示するという手もある。例えばスポーツジムや美容サロンなどでは初回面談の希望日時を記入してもらうことがある。その際に第3希望日までを必須で入力してもらわないといけないのであれば、最初からすべて表示しておいても問題ない（ただ第3希望日までを必須にすること自体を考え直したほうがいいと思う）。とはいえ、第1希望日が必須で、あとは任意というのが普通だろう。それなら、第1希望日が入力された時点で、「あれば入力してください」と第2希望日入力欄が出てくるようにするのがよい。

　保険や投資信託の申し込みなど、どうしても項目数が多くなってしまう商品の場合は、別途開発が必要になるが、入力の進捗を示すインジケーターや残り項目数などを表示して、ユーザーにゴールが見えるような配慮が必要だ。

せっかく入力した情報が意図せず
消えないようにする

　何ページにもわたるような長いエントリーフォームで、終わりのほうのページの途中まで入力したところで、前ページの入力ミスに気づいてしまった。修正しておこうとブラウザの戻るボタンをクリックしたら、前ページに入力した情報が消えていた。「えっ」と思って、今入力していたページに戻ったら、そちらに入力した情報も消えており、結局一から入れ直しになってしまった。そのことに腹を立てて、購入をやめてしまう。

　こういうユーザーは実際数多く存在する。

　せっかく入力した項目が、意図せず消えないように、一定期間保持できるようにしておくべきだ。

入力の形式ミスはすぐに知らせるようにする

　入力が全部終わった時点で、入力の形式ミス（例えば半角数字を求めている欄に全角数字が入っていた、電話番号に不要なハイフンが入っていたなど）があった箇所を、一括で知らせるエントリーフォームが多い。

　入力項目が数個（氏名と電話番号とメールアドレスなど）で

あればそれで問題ないが、大量の入力項目があるエントリーフォームだと、指摘されている箇所を探すのが大変になる。

　Robee にはこの機能はないので別途開発の必要があるが、入力項目を一つ入れ終わるたびに形式エラーがあれば指摘するのが親切だ（ただしエントリーフォームのもともとの項目に対してということであり、チャットボットでエントリーフォームを置き換えるのであれば開発は不要）。

チャットボットの
エントリーフォームは効果大！

　すでに述べたように、最近はチャットボットで申し込み（図）をしてもらうのが流行っている。これは効果が高く、離脱率が低いのだが、なぜだろうか。

　エントリーフォームは申し込みをしてもらうための画面であり、前述したとおりなるべくコンパクトにまとめるのが良いとされている。そのため、エントリーフォームのなかに商品やサービスの良さを訴求するようなことはしない

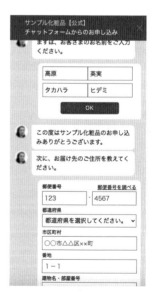

し、もちろん広告も出さない。

　しかしチャットボットは対話形式で入力が進むので、途中で
商品やサービスの良さを訴求しても、ユーザーは気にならない
のだ。そこでチャットボットでは、対話中に商品やサービスの
良さをあらためて訴求することが実際に行われ、それが功を奏
して離脱率が大きく改善されるのだ。入力してもらう項目はエ
ントリーフォームとまったく同じにもかかわらずだ。商材にも
よるが、CVR が 30％改善した例もあるほど効果が出やすい。

　実際にこれまでの実績から、以下のことが明らかになっている。

・LP にすでに書いてあることでも、載せると離脱率が下がる
・キャンペーン情報やお得情報を伝えても入力率が上がる

　訴求していないチャットボットだと、入力項目が同じでもた
いして離脱が減らないことから、商品やサービスの良さを訴求
することに効果があると分かる。訴求内容をあらためてしっか
り伝えることで、入力の促進になっているのだ。

　エントリーフォームをチャットボットにしてもたいした効果
が出なかったものもあるが、チャットボットにして離脱が増え
たというクライアントはまだないことからも、やってみる価値
はある。

Chapter. 4

チャットボットはツールで簡単に作れる

　チャットボットは Robee で簡単に作ることができる。また Web 接客ツールのうち、チャット型および複合型のツールであれば、同様に作ることができる。そのなかでも AI に対応しているもののほうがユーザーとの対話が自然なため、人間を相手にしているような気持ちになり、効果が高い。

　Robee では、管理画面でチャットボットを一から作れる。チャットボットでは、ユーザーの入力内容に合わせて、次のアクションが変わるため、あらかじめシナリオを用意しておく必要がある。シナリオは管理画面で、図を描くイメージで簡単に作ることが可能だ（図）。

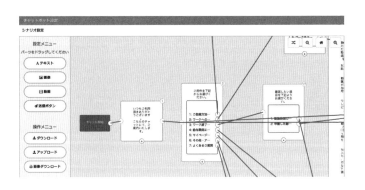

　シナリオは、ブロックと呼ぶ構成単位からできていて、ブロッ

クはサイト側からのメッセージとユーザー側からのリプライに大きく分かれている。メッセージの種類は、テキスト、画像、動画、送信ボタンの4つ。リプライの種類は、テキストボックス、ラジオボタン、チェックボックス、セレクトボックス、テキストエリアの5つだ。リプライがテキストボックスの場合は、電話番号、メールアドレス、電話番号など形式が選べるのだが、これは形式エラーをその場で指摘するためのものだ。

　ブロックをひととおり設定したら、ブロック同士を直線で結ぶことで、ブロック同士の前後関係や条件分岐を定義する。線を引いてからもブロックの追加・修正・削除は可能だ。

レポートを見ながらシナリオを改善

Chapter. 4

　チャットボットを作成したら、実際に運用し、その結果をビジュアル化されたレポート（次ページの図）で検証し、シナリオの改善を行っていく。

　レポートからは、どこまでユーザーが入力してくれたかが一目瞭然で、エントリーフォームと同様、ユーザーが大量に離脱している箇所が見えてくる。そこを中心にシナリオを改善していくことになる。

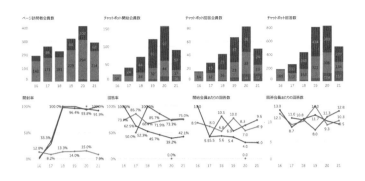

確認ページはなるべく出さないほうがいい

　申し込みボタンを押したあとに確認画面を出し、それでOK
であれば申し込み完了にするサイトがある。商品やサービスの
特質にもよりけりだが、支障がないのであれば、できるだけ出
さないほうがいいだろう。

　理由は、まず画面を増やせば、それだけ離脱するユーザーが
増えるということ。ページが増えるたびに、1割ずつが離脱す
るといわれている。ページを増やすこと自体が得策ではないの
だ。また確認画面の存在を知らず、申し込みが済んだものと誤
解し、結果として申し込みできなかったユーザーが出てくる可
能性もある。

　もしどうしても確認画面を出したいのであれば、ポップアッ
プ画面にするという手段もある。

またせっかく確認画面を出すのであれば、次の Chapter で説明するサンクスページと同じく、クロスセルやアップセルの機会につなげるのが得策だ。「あと 1,500 円買うと割引が適用されます」「あと 2,000 円の購入で送料が無料になります」「この商品を購入している人は、こちらの商品も併せて購入しています」などのメッセージをポップアップやバナーで表示すると効果が高い。

　なお確認画面の話と似ているのでこちらに書いておくが、初めて購入するユーザーに対して、会員登録後、購入画面に進ませる画面遷移になっている EC サイトがある。このときに会員登録の完了をもって購買手続きの完了と勘違いするユーザーも少なからず存在する。確認画面の見逃しと同じ原因だ。

　これもまだ購買手続きが残っていることをポップアップで注意喚起するなどして、意図せぬ離脱を防いだほうがよい。

Chapter. 4

Chapter. 5

〈これだけは押さえろ：
サンクスページ編〉

最も購買意欲が
高いタイミングを逃さない

サンクスページで何もしないのは
本当にもったいない

LTV の向上のためには「Web 接客」が欠かせないが、それにはツールが必要である。そこで LP、エントリーフォームの各ステップで、Web 接客の考え方とツールの使い方を含めた具体的な方法を解説してきた。本 Chapter では、Web 接客の最終ステップであるサンクスページについて、同じく考え方と具体的な方法を説明していく。

商品・サービスを売るという観点で、LP の重要性を疑う人はいないだろう。Web マーケティング担当者が作成にも管理にも最も労力をかけているのは LP だと思う。しかし前の Chapter を読んだ方は、エントリーフォームの意外な重要性に気づかれたのではないだろうか。

本 Chapter で説明するサンクスページについても、本当の重要性に気づいておられない方が多いと感じている。買ってくださった方にお礼をする――これ自体はもちろん大切なことだが、ただのお礼に留まっているとしたら、とてももったいないことだ。

「確かにサンクスページではお礼のメッセージを出しているだけだが、3 日後、3 週間後とメールを出して、当社がお客様の記憶に残るような施策は採っている。またそのメールでクロスセルやアップセルのための紹介もしている。またあらためてお客様の声をいただくお願いもしている」と言う方もいるだろ

う。しかし、そのメールにどれだけの効果があっただろうか。

　サンクスページが出ている場面は、LPやエントリーフォームにあったさまざまなハードルを乗り越えて、ユーザーがようやく購入を決めてくれたときだ。いってみれば、ユーザーが事業会社に興味あるいは好意をもっている瞬間でもある。ちょっとぐらいのお願いなら聞いてくれるタイミングだ。対面販売の経験がある人ならお分かりだろうが、クロスセルやアップセルは、お客様が購入したタイミングにしかけるのが最も成功率が高い。これはWeb販売でも同じである。

　このようなタイミングに、ただお礼のメッセージを出すだけで、ユーザーに対してなんのアプローチもしないのは極めてもったいない。

　それではどうすればよいか？

　アプローチは大きく分けて3つある。

・CRMの開始
・アンケートによるファーストパーティーデータの獲得
・クロスセル、アップセル

　順に説明していこう。

サンクスページから CRM が始まる

まず CRM についてだ。

CRM とは Customer Relationship Management の頭文字を取った言葉で、日本語では顧客関係管理と訳される。どちらかというとサポートセンターの仕事のように思っている人も多いかもしれないが、マーケティング部門や営業部門はもちろんのこと、企画部門や開発部門も関わるべきテーマである。つまり全社的に取り組むべきことだ。

CRM を一言で表現すると、顧客の立場に立って顧客満足度を高め、顧客と長期的な関係性を構築する取り組みとなるだろうか。まさに LTV を高めるための取り組みだといっていい。

本書の大きなテーマは、Web マーケティング担当者が Web 接客という行為を通して、いかにして LTV を高めるかということなので、CRM を避けては通れない。そして断言できるのは、サンクスページを出している瞬間に CRM への取り組みを始めるべきだということである。

なぜなのか？　それは商品を受け取ってすぐ、あるいはサービスが開始された瞬間に、もうやめようと考えるユーザーが少なからずいるからだ。

例えば美容液の定期便をご購入いただいたとしよう。月に1回、約1カ月分の美容液を届けるサービスだ。あなたの会社では、1回目の配達時に同梱するチラシやサンプルのセットは

おろか、2回目、3回目の同梱物もすでに決めていることだろう。それは毎回の同梱物で顧客満足度を高め、解約抑止に努め、徐々に顧客ロイヤリティを高めていく設計がされているからにほかならない。

　しかしそのような設計も、1回目でがっかりしてやめてしまうユーザーが多ければ、絵に描いた餅だ。どうしてそのようなことが起こるかといえば、広告宣伝の手法、つまり LP に問題があることが多いのだが、一言でいえばユーザーの期待と実際の効果にギャップがあるからだ。

　LP に問題がある可能性があるとはいえ、その解決は非常に難しい。購入してもらうには、誇大広告にならない範囲という前提が付くが、顧客の期待値を最大限に高める必要があるからである。しかしあまりに期待値が上がってしまうと、実際の商品・サービスのレベルとギャップが生じて、ユーザーに不満を与えてしまう可能性もある。つまり、期待値の調整が必要になってくるのだ。

　では、期待値の調整はいつすべきなのか。多くの事業会社が、ユーザーが商品を手に取ったあとにやろうと考えるだろうが、そもそも期待値の調整をしていなければ、1回で終わってしまう恐れがある。つまり期待値の調整をする機会は永遠に巡ってこないのだ。

　すでにお分かりだと思うが、期待値を調整すべきタイミングは、サンクスページを出している瞬間ということになる。

効果を出すための情報を
サンクスページで伝える

　ではどうやって期待値を調整すればいいのだろうか。

　まず、どういうギャップがあるのかを考えてみよう。例えばシミ取り美容液だったら、どんな期待値のギャップがあるのか。以下のようなことが考えられる。

> ・すぐに効果が出ない。1週間でシミが取れると思っていたのに全然変化がない
> ・思ったほど効果が出ない。シミが薄くなるだけで、残っているのが分かる
> ・塗るだけでシミが取れると思っていたのに、マッサージなども必要
> ・肌が赤くなるなどのトラブルがあった

　美容液なので個人差があるし、ユーザーの声に関しては「個人の感想です」といった注釈を付けていることだろう。「そのあたりはLPに書いているし、分かったうえで購入しているはず。だったら何ができるというのだ？」とあなたは思うかもしれない。

　では、LPに書いていなかったことはないかを考えてみよう。LPには、どんな課題を解決し、どんな効能があり、それがいくらで提供されるかという、商品・サービスの価値が書かれて

いる。お客様の声や権威者の推薦、使用事例などは価値訴求が信頼に足ることを示す補強材料なのだ。

　したがって正しい使用法、効果が出る使用法については LP には書かれていない。そのようなことを LP に載せていたら、そうでなくても長い LP がさらに長くなり、ユーザーの離脱につながりかねないからだ。

　前述したような期待値と現実のギャップは、先に正しい使用方法を伝えることで調整できる。サンクスページに、正しい使い方を伝えるためのポップアップを表示してみよう（図）。

　ここから別の Web ページに飛ぶのでもいいし、PDF がダウンロードできるというのでもいい。あるいはサンクスページにコンテンツを記載することもできる。これは Robee の A/B テスト機能で可能だ。

なぜ最初の商品配送時にやらないのか

　サンクスページでなくても、最初の商品の発送時に使い方の資料を同梱すればいいだけだと思うかもしれないが、サンクスページでやるほうが費用対効果は高い。

　その理由は３つある。

　１つ目は、タイミングがいいこと。前述したように、サンクスページを出している瞬間は、ユーザーが事業会社のいうことに最も耳を傾けてくれるタイミングだ。

　２つ目は、コストがかからないこと。印刷物よりも Web 施策のほうがコストがかからないのはいうまでもないが、さらにツールを使っていれば、サンクスページに実装するコストもかからない。

　３つ目は、ユーザーのインサイトによって出し分けることが可能なこと。サンクスページで効果の出る使用方法を伝える最大のメリットは、実はこの点にある。

　ここまで読んできた読者は、流入元のメッセージからユーザーのインサイトが分かるということを記憶していることだろう。そしてインサイトごとに LP の出し分けをすることで、効果を高めることができることも理解してもらえたと思う。

　これと同じことがツールを使えば、サンクスページでも可能なのだ。実際 Robee のクライアントで、この手法を使って継続率を 60％ から 75％ に向上させた事例がある。定期便やサブ

スクリプションの継続率向上は、利益に直結するため、この15％の向上は企業収益にかなり大きな正のインパクトを与えている。

　CRMの取り組みは多岐にわたるが、サンクスページでできる取り組みとしては、ユーザーの期待と実際の効果のギャップを調整することが、最も効果的でコストもかからない。まずはこれに取り組んではいかがだろうか。

アンケートへの協力率は サンクスページだと 40％以上

　続いてアンケートについて説明していこう。

　Chapter.1でユーザー一人ひとりを知るためには、ゼロパーティーデータの取得が欠かせないことについて説明した。個人情報保護のための法規制がグローバルで厳しくなっている昨今、ユーザーの承諾を得て収集するゼロパーティーデータは企業活動における最重要資産の一つといっても過言ではない。

　アンケートを実施することで、ユーザーのインサイトをさらに深掘りし、新しいセグメントを発見できる。これらは次のマーケティングに活用できる重要な情報である。また個人名と紐付く情報が得られるので、CRMにも役立てることができる。

　ゼロパーティーデータのソースとして、アンケート結果は欠かせないが、アンケートに協力してくれるユーザーは、お願いしたなかの5％程度といわれている。ところが私たちの調査で

は、サンクスページにアンケートがある場合だと、40〜50％のユーザーが協力してくれることが判明したのだ。平均の10倍の回答数になるのだから、サンクスページでアンケートを採らない手はない。

　サンクスページにアンケートを埋め込むのも、通常はWebエンジニアやWebデザイナーに依頼する必要があるだろうが、ツールを使えばWebマーケティング担当者でも可能だ。Robeeであれば、ポップアップ機能でアンケートへの協力を依頼し、実施のアンケートはチャットボットで実装することができる（図）。どちらもRobeeの管理画面で簡単にできる設定だ。

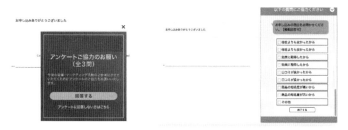

サンクスページにアンケートへの協力依頼のポップアップを表示。ユーザーが同意すると、チャットボットが開いて、アンケートが始まる。ポップアップもチャットボットもRobeeの管理画面で設定できるので、エンジニアやデザイナーに依頼する必要がない。

　チャットボットにするのは、ツールで作れるので実装が簡単ということもあるが、対話形式なので最後まで入力してもらいやすいのも理由の一つだ。

アンケートで何を聞けばいいか

　アンケートで何を聞けばいいかという質問を受けることが多い。その際は事業会社がマーケティングを実施するうえで知りたいことをストレートに聞けばいいと答えている。

　ただし必ず聞いてほしいことがある。それはまったくの新規購入ユーザーか2回目以降かということだ。これは「この商品（サービス）を過去にご利用いただいたことがありますか？」という聞き方をすればいい（ただし Web でのリピートは分かるはずなので、既存顧客と分かる場合はアンケートにその項目を入れないほうがいいだろう）。

　一般的に、新規顧客の獲得にマーケティング費用をかけるのは構わないが、既存顧客に費用をかけるのは問題があるといわれる。というのは、サブスクリプションモデルでは、1人の顧客の獲得コストは何度かリピート購入をしてくれて初めて元が取れるようになっているからだ。定期便であれば、3〜5カ月続けてくれないと利益は出ない設計になっていることが多い。そのような状況で CRM 領域で施策を行える既存顧客に対して、さらに獲得コストをかけて購入してもらっていては、顧客一人ひとりの LTV が向上するどころかマイナスにもなりかねない。

　広告のパフォーマンスを数値化するためには、既存顧客にどれだけ獲得コストを使ってしまったかを算出する必要がある。

Chapter. 5

だがオンラインとオフラインの両方で展開している事業会社では、Webで初めて購入してくれたユーザーが、新規顧客なのか既存顧客なのかが分からないことが多い。オンライン（Web）とオフライン（店舗や通信販売）の顧客をシステムで一元管理できている企業はまだまだ少ないからだ。そのような課題を抱えている場合は、ぜひとも新規顧客か既存顧客なのかを聞いてほしい。

　ほかには、自社商品・サービスを選択した理由も聞いたほうがいいだろう。今は商品やサービスそのものによる差別化が難しい時代で、それでもユーザーはなんらかの理由があって、商品・サービスあるいは企業を選んでいるはずだ。その理由を知ることができれば、自分たちでも気づいていない商品や自社の強みをもっと訴求できるようになり、経営資源を強みに集中させるといった経営戦略の見直しにまでつなげられる可能性もあるのだ。

　もう一つ、改善要望も聞いておこう。これは選択理由とは逆に、商品・サービスや自社の弱みを知り、改善につなげるために必要だ。

　LTVと関連する指標として、NPS（Net Promoter Score）という顧客ロイヤリティを測る指標がある。これは企業やブランドへの愛着度や信頼度を数値化したもので、一般的にNPSが高いユーザーはLTVも高い。

　ただしLTVが高くても、NPSが低いユーザーも一定数いる。このようなユーザーは他社へ切り替えるコストや手間を惜しんでいるだけのことが多く、他社から良いオファーがあればすぐでも切り替えてしまう可能性があるため要注意だ。

LTV 重視のマーケティングをするのであれば、NPS も同時に把握しておくことをお勧めする。

　NPS の測定方法は非常にシンプルで、「あなたはこの会社／製品／サービス／ブランドを友人や同僚に薦める可能性はどのくらいありますか？」と尋ねるだけだ。ユーザーには 0（まったく思わない）〜 10（非常にそう思う）の 11 段階でスコアを付けてもらう（5 は「どちらでもない」）。このスコアから、0 〜 6 は批判者、7 と 8 は中立者、9 と 10 は推奨者と分類する。中立者のスコアが高く、4 〜 6 は批判者であることに注意してほしい。

　推奨者は再購入比率が群を抜いて高く、ほかのユーザーへも積極的に紹介してくれる存在だ。一方批判者は、購入しないだけではなく、SNS 等に否定的な口コミをすることもある。このあたりを理解したマーケティングが、LTV 重視時代には必要なのだ。

クロスセル、アップセルもサンクスページで

　最後にクロスセルとアップセルについてだ。

　Chapter.4 ではエントリーフォームの確認ページからクロスセルをしかける方法について述べた。せっかく確認ページを出すのであればということだったが、確認ページのタイミングだと購買意欲をそいで、申し込みをキャンセルされるリスクがな

いとは言い切れない。

　サンクスページではすでに購入が終わっていることから、前述したようにユーザーが事業会社のいうことを最も受け入れてくれるタイミングであり、クロスセルを行わない手はない。

　クロスセルの実装は、ツールを使うのであれば、ポップアップが最も簡単だ。

　クロスセルを行う場合は、関連する商品、特に購入商品の効果を高める商品をレコメンドしよう。関連する商品であれば、5 〜 10％の購入率が見込める。

　そのほかには購入時限定の他商品に向けたクーポンも効果がある。これは直接のクロスセルではないが、お試し利用のあとの購入に結びつけるために実施したほうがよい。

　クロスセルは分かっていただけたとして、サンクスページでアップセルをするとしたらどのような方法があるのか。

　例えばサブスクリプションなどの月額制サービスであれば、1 カ月間の無料お試しに申し込んだユーザーに対して、半年間の契約をしてくれたらさらにもう 1 カ月無料にするといったオファーが考えられる。仮に LP に同様のオファーがあったとしても、サンクスページでもう一度伝えよう。これはほかのお得なオファーも同様で、LP だけでは伝わっていない可能性も十分考えられるからだ。

　事実、LP に書いてあったのと同様のオファーを再度サンクスページで提示したところ、5 〜 10％のユーザーがアップセルに応じた実績もある。

サンクスページでの施策の取り組みには
ツールの活用を

　以上、サンクスページで実施できる代表的な施策として、CRM（ユーザーの期待値の調整）、アンケート、クロスセル、アップセルについて説明してきた。

　これら以外にもサンクスページでできる施策として、FacebookやTwitterなどSNSへのリンクを貼り、購買商品を口コミしてもらうというものがある。

　以上の施策を一気に全部実施するのではなく、少しずつ確実に取り組みを広げていくことが望ましい。

　そして取り組む際には、ツールの利用をぜひお勧めしたい。CRMにしても、アンケートにしても、クロスセル、アップセルにしても、ユーザーのインサイトに合わせて切り分けられるほうが効果が高いが、それは手作業では難しいからだ。

　アクセス数が少ないサイトであれば、インサイトによって切り分けても、それぞれのセグメントにいるユーザー数が少ないので、手間の割に効果が出ない可能性も考えられる。しかしある程度以上申し込みが多いサイトであれば、ツールの導入による効果は非常に大きくなる。ツールがあれば、複数の施策を並行して試すこともでき、大きな効果を早く出すことも期待できる。

　そもそもLPに来る段階でユーザーのインサイトを調べてい

たのは、LTV の向上につながるような質の高いコンバージョン
を目指していたからだ。ユーザー一人ひとりのインサイトが分
かっていたからこそ、LP を出し分けることができていたので
ある。

　LP の出し分けをすることで、なんとなく購入するユーザー
ではなく、自分の望みを叶えてくれるから購入するという積極
的なユーザーを集めることにつなげられる。そういうユーザー
を逃さないためにエントリーフォームを見直し、一人でも多く
の人にサンクスページまで来てもらうようにするのだ。そして
サンクスページでも、ユーザーのインサイトに合わせた施策を
実施することで、2 回目以降の購買確率を高めていける。

　Web 接客で LTV の向上を目指すには、ユーザーのインサイ
トが必要であり、そしてユーザーのインサイトを知るためには
ツールが必要となる。さらにインサイトに応じた施策の準備を
簡単にするためにも、インサイトに応じて施策を打ち分けるた
めにも、ツールが必要だと考える。

　LTV 時代の Web マーケティングを飛躍させるには、ツール
選定を誤らないようにしなければならない。そして学習コスト
や時間を考えると、インサイトを知り、施策を準備し、インサ
イトごとに施策を実行することが一つのツールで完結できるの
がベストであることはいうまでもない。ぜひともそのような観
点でツール選定されることを勧めたい。

LTV 向上のための
マーケティングパフォーマンス管理について

　Web 接客とは離れるが、Web 接客が CVR だけではなく LTV の最大化を狙うものであるなら、Web マーケティング担当者としては、LTV の向上のためにマーケティングがどれだけ寄与しているかを管理する方法についても知っておいたほうがいい。

　そこで LTV 向上のためのマーケティングパフォーマンス管理の概略を説明していく。

　これには、顧客データや購買履歴データ、集客チャネルのデータ等が必要になる。それらを集め、Tableau のような BI（Business Intelligence）ツールを使って、さまざまな切り口、階層、組み合わせでデータを可視化し、分析していく。

　分析の視点としては、以下のものが挙げられる。段落ちしているのは、さらに細分化した分析である。

Chapter. 5

・商品購入時の新規顧客と既存顧客の割合
・新規顧客が次回の商品購入サイクルに商品購入している
　割合
　　集客チャネルごと
　　新規購入時の申し込み時間ごと
　　住んでいる地域ごと
　　集客チャネルごと
　　集客チャネル×年齢×性別ごと

・新規顧客の 2 回目以降の購入商品

・サンプル申し込みユーザーのそれ以降の購入商品

　このような分析を通して、どの施策が LTV 向上に貢献しているか、逆に無駄な施策がないか、各集客チャネルのパフォーマンスはどうなのかなどを分析して、広告運用設計に役立てる。

　こうした管理は、サードパーティーデータがなくても、ゼロパーティーデータやファーストパーティーデータをしっかり収集していれば、かなりのところまで実現することが可能だ。

BtoB マーケティングにも使える
Web 接客ツール

　Web 接客は、AISCEAS のモデルでいえば、比較・検討・行動を主に担当し、LP、エントリーフォーム、サンクスページといったオンライン販売のプロセスの質を向上させるために使うものである。

　BtoB ビジネスでも、プロ用工具や資材を Web で販売している企業があり、このような業態に関しては Web 接客が可能だ。しかし、「情報収集→提案・見積依頼→提案・見積比較→契約」といった一般的な BtoB ビジネスにおいては、BtoC 向けと比較して集客から購買までのフローで異なる点があるため、Web 接客において、これまでの内容をそのまま反映することが難しい点もある。

　一般的な BtoB ビジネスでも AISCEAS モデルは適用できる

が、比較・検討・行動のステージを効率化するツールは、MA
（Marketing Automation）と呼ばれるものになる。MAツールは、
展示会イベント等で集めた名刺情報や、ホワイトペーパー等に
よる情報提供と引き換えに集めたメールアドレスに適切な情報
を適切なタイミングで自動的に提供し続ける機能をもつので、
これを活用して、見込み客の購買意欲を徐々に上げていき、最
終的には問い合わせにつなげることを目指すのだ。マーケティ
ング担当者の仕事は、問い合わせが来たら営業部門に送客する
ところまでとなる。

　しかしMAも見込み客のデータが蓄積されていなければ使
えない。見込み客は、展示会イベントへの訪問やホワイトペー
パーのダウンロード、メルマガへの登録などから集められる。
これらの行動を促すためのLPを作り、エントリーフォームや
サンクスページを用意する。つまり見込み客を十分に集客する
ために、Web接客が行われるのである。

Chapter. 5

Chapter. 6

ますます進化する
未来のWebマーケティング

今や経営課題解決に関わるようになった
Web マーケティング

　1980 年代後半に、もともとは米国の大学・研究機関などを接続する目的で作られたクローズドなネットワークだったインターネットが商用化された。1994 年に Web ブラウザである Netscape Navigator（現 Mozilla Firefox）が好評を博し、さらに 1995 年に Windows 95 が登場して Internet Explorer が標準搭載されると、Web とそのプラットフォームであるインターネットは急速に一般に普及していった。

　当時は回線速度が遅く、今と比べると品質の悪い画像しか載せられなかったが、それでもカラーの画像が掲載できる Web は多くの人を魅了し、個人も企業も熱心にホームページを作り始めた。ホームページはあっという間に世界中に乱立し、ホームページを探すために検索エンジンが提供されるようになる。さらに画像が簡単に載せられることで、広告媒体としても注目されるようになった。

　当初は Yahoo! などのポータルサイトの広告スペースを買い取って、そこにバナー画像を貼り、ユーザーがそれをクリックすると企業のホームページや商品紹介ページに飛ぶという形が主流だった。要するに新聞や雑誌の広告と基本的に変わらなかった。だが、その後さまざまなイノベーションを経て、Web マーケティングは技術的な面だけではなく、その考え方においても従来のマーケティングとは異なる、専門性が必要な分野へ

と進化した。

　Web広告は、マス広告と比較すると広告費が低価格だったこと、マーケティングに役立つさまざまな種類のデータが大量に収集できることから、徐々にシェアが高まっていった。そして2019年には日本のインターネット広告の出稿額がついにテレビを追い抜いたのだった。

　今後、その差は開く一方だと考えられる。広告の主流はインターネット広告に移行していることを多くの人が感じているだろう。

　一方で世の中のデジタル化が進み、データに基づく経営（データドリブン経営）が提唱されるようになると、顧客に関するさまざまなデータが収集できるWebマーケティングは、経営と切っても切れないものとなり、今や経営課題の解決の一翼を担うものになったといえる。

　企業の売上に占める多くの部分をWebマーケティングが担うようになり、その分多くの予算が投下されるようになったのである。

Webマーケティング全体を俯瞰して
見なければならない時代になった

　LPは新規ユーザー集客の主要プラットフォームになりつつあり、サンクスページ一つでちょっとしたCRMができるようになった。すべてがWebに置き換わるかどうかは別として、

Webで売上の大部分がつくれるようになってきているという
ことだ。これはもう、企業経営の一つの柱だといっていいだろ
う。

　Webマーケティング担当者は、10年ぐらい前までならSEO
対策やリスティング広告の予算管理が業務の中心だったかもし
れない。しかしWebマーケティングが企業経営の一つの柱と
なった今、一部分だけ見ていればいいということではなくなっ
た。経営課題を踏まえたうえで、ユーザーの購買プロセスモデ
ル全体（認知、興味、検索、比較、検討、行動、共有のすべて）
を俯瞰して、全体最適を考えて管理しなければならなくなった
のだ。

　これを可能にするためには、まずユーザー一人ひとりの状況
を購買プロセスモデルのステージ（認知、興味、検索、比較、
検討、行動、共有のそれぞれ）ごとに把握する必要がある。次
に、ユーザー一人ひとりを軸にして、ステージごとに把握して
いた状況を統合することも必要だ。

　いい換えると、ユーザー一人ひとりが、自社のどんな商品・
サービスを利用しているのか、商品・サービスのカテゴリごと
に今どのステージにいるのかを管理し、そのユーザーに合わせ
た施策を打てるようになることを目指さなければならないの
だ。

　Robeeを使えば、比較から行動までのステージでユーザー
一人ひとりを把握することが可能になるが、ほかのステージの
ことは分からない。Chapter.5のコラムで説明した、Robeeと
BIツールを組み合わせて、LTVを管理する方法のように、ユー
ザー一人ひとりのレベルでステージ全体を把握するためには、

別のツールと組み合わせるほかない。

欧米ですでに取り入れられている 「マーケティングテクノロジースタック」という考え方

　ここまで Robee は Web 接客ツールとして、分析と施策を一つのサービスに収めた複合型ツールだと紹介してきたが、あくまでも Web 接客ツールというカテゴリの一製品に過ぎない。

　ご存じのように今のマーケティングツールのカテゴリは多岐にわたる。大きなカテゴリだけでも、広告管理、Web サイト最適化、メール配信、コンテンツ管理、データ管理などがあるが、これですべてではない。Web 接客は、Web サイト最適化という大きなカテゴリのなかの一つのサブカテゴリに過ぎないうえに、このサブカテゴリだけでも約 80 種類もの商品・サービスがひしめいているのだ。マーケティングツール全体ではどのぐらいの商品・サービスがあるのだろうか。「マーケティングテクノロジー カオスマップ JAPAN」を毎年公表しているアンダーワークスによれば、昨年の時点で全世界に 8,000 以上、日本国内で販売している主要ベンダーのツールだけでも 1,234 個あるそうだ。

　もはや一つのツールで何でもできるということはあり得ないことがこの数字からも分かっていただけるだろう。そこでさまざまなマーケティングツールを組み合わせることで、マーケティング業務を最適化しようという考え方が生まれたのであ

る。ツールを組み合わせたマーケティング業務の基盤を「マーケティングテクノロジースタック」（以下、スタックとする）と呼ぶ。欧米のマーケティング担当者の間では、すでに当たり前に取り入れられている概念で、この概念に基づいてWebマーケティングの全体最適化に取り組んでいる（図）。

●マーケティングテクノロジースタック

| 広告 | Webサイト最適化 | Eメール配信 | Eコマース | ソーシャルメディア | セールス | CMS | オフライン |

| データ分析・可視化 | データ管理 | ITインフラ | 運用・開発 |

マーケティングテクノロジースタックを構成するカテゴリ。各カテゴリの中に、さらに複数のサブカテゴリが存在する。
下段はインフラ系カテゴリ、上段はアプリケーション系カテゴリ。

　とはいえ、スタックすべてを導入しなければならないという話ではない。いきなりすべてを導入しても、使いこなすのは至難の業だからだ。ユーザー一人ひとりを一気通貫で把握して、それぞれのユーザーに最適な施策が実行できるようになることが目的・目標であり、少しずつ近づけるよう取り組むとよいだろう。
　ただこれだけのカテゴリがあるなかで、単機能のツールばかりを集めていたら、大変な数になることは容易に想像される。Web接客は、分析と施策が一つのツールでできるのがいいと主張してきた所以はここにある。

こうした取り組みは欧米、特に米国で進んでいるので、米国の事例を参考に今後の取り組みを考えていくのがいいのではないだろうか。

ユーザーの利益になることが 関係を長続きさせる根本

ユーザーへのアプローチ方法は、Web のほかにメール、スマホアプリ、LINE などさまざまある。ユーザー一人ひとりに対して、購買プロセスモデルの各ステージで最適な施策を実施できればいいだけだ。

「ユーザー一人ひとりを一気通貫で把握し、それぞれのユーザーに最適な施策が実行できるようになることが目的・目標」と述べたが、その先にある最終ゴールは、ユーザーにファンになってもらうことだ。

現在、誇大広告でユーザーを惹きつけ、いざ申し込むと今度は返品や解約が難しいという詐欺まがいの商法が横行しており、消費者庁は法律を改正し、このような業者に刑事罰を与えられるようにするために動いている。

もちろん、今この本を読んでおられる方が、そのような商売をしているとは思っていないが、貴社をどう捉えるかはユーザー次第だ。ユーザーがそのように感じてしまっては元も子もない。例えばそんな意図はまったくなかったのに、サイトの設計が悪くて解約が難しくなっていたというようなことは往々にしてある。

Chapter. 6

意図したかどうかはユーザーにとってまったく関係ない。解約しにくかったことで、貴社のビジネスを詐欺商法と決めつけ、SNS に恨みのこもった口調で悪口を書き連ねられるかもしれない。さらにそれを見た別のユーザーがその書き込みを鵜呑みにして、貴社からの購買を避けることも考えられる。それだけならまだよいほうで、SNS への投稿をきっかけに拡散してしまい、大炎上につながる恐れもある。

　そんなときに貴社のファンがいて、逆に弁護してくれたらどうだろう。鎮火につながるだけでなく、正当性も主張できる。もつべきものはファンだ。ファンをつくるためには、常にユーザーの利益を考える組織であるほかない。

　常にユーザーの利益が優先という観点に立てば、誇大広告もあり得ないし、解約しにくいサイトを作るということもあり得ない。ユーザーの利益を優先してくれる会社の商品・サービスをユーザーは長く使い続けるだろう。その結果 LTV が向上し、事業会社側も利益を得て成長し続けることができる。

　ただ、ユーザーの利益最優先というスローガンを掲げても、ユーザーの利益が何なのか分かっていなければどうしようもない。

　それを教えてくれるのはデータだ。訪問履歴や購買履歴からも一目瞭然。もっと深掘りしたければアンケート等で回答を集めればよい。

　ユーザーの利益最優先といえば Amazon が有名だろう。マスコミや公益団体から非難されることもある Amazon だが、そんなことは関係なく業績を伸ばし続け、企業の将来を評価する指標である時価総額も世界ランキングの上位をキープしている。それは Amazon の掲げる「顧客至上主義」がユーザーか

らも投資家からも評価されているからだ。

　Amazon のやっていることは、データによってユーザーを理解し、その理解に基づいて顧客の望むサービスを提供し続けることだ。

　また Amazon は、商品や提供企業の評価をユーザーに数字で付けてもらうということに昔から取り組んでいる。数字による比較ができるようになり、ほかのユーザーはその評価を見て、より安心な買い物ができるようになっている。またレコメンドについても 1990 年代後半の創業当初から取り組んでいる。これも人が薦めるのではなく、ユーザーの購入データと似たようなユーザーの購入データを突き合わせてレコメンドを実現している。徹底してデータに基づく顧客サービスを提供しているのである。

データを集めるための縛りがきつくなってきた

　データを集めるということに関して、特にユーザーの個人情報に対しては、縛りがきつくなってきたこと、そしてこれからもどんどんきつくなっていくであろうことは頭に入れておくべきことだ。Chapter.1 で出てきた話と重なる部分もあるが、ここであらためて整理しておく。

　まずは業界の自主規制として Safari や Chrome などのブラウザからサードパーティー Cookie が取得しにくくなった。そ

れと並行して EU の GDPR や米国カリフォルニア州の CPRA といった個人情報保護の規制をさらに強める法律が可決され、ファーストパーティー、サードパーティー含めて Cookie などはほとんど利用できなくなろうとしている。日本でも個人情報保護法が改正され、Cookie の取り扱いが大幅に制限されるようになった。

　ユーザーの可視化は、サードパーティー Cookie の利用を通じて発展してきた面があるため、Cookie の制限は Web マーケティングを担当する立場で見ると（そして Web マーケティングツールを提供するベンダーにとっても）大きな問題である。以前は無断でサードパーティー Cookie を使って、さまざまな分析と施策を実施してきたが、これからは Cookie を集めるのにも配慮が必要になった。

　その配慮のために登場した技術が、CMP（Consent Management Platform）である。日本語に訳すと、同意管理プラットフォームとなり、Web サイトやスマホアプリで、ユーザーのデータ取得やその利用に関する情報を提供し、ユーザーからの同意を得るためのツールだ。

　同意を得てユーザーから取得するデータがゼロパーティーデータであるから、CMP はゼロパーティーデータを収集するためのツールということになる。

Cookie がいっさい使えなくなることを
想定して機能強化

　ここまでの内容を整理すると、最適なマーケティングツール
を組み合わせる（スタック）ことでユーザー一人ひとりを一気
通貫で把握しようという流れがある一方で、ユーザー一人ひと
りのデータを取得することに対する規制が強まっているという
ことだ。

　ある意味矛盾する 2 つの流れが同時に進んでいるなかで、
私たちは Robee を進化させていかなければならない。そこで
どういう進化の方向性が考えられるだろうか。

　まず Cookie に関していえば、将来はまったく使えなくなる
ことを想定している。例えば GDPR では、許可したユーザー
から収集した Cookie しか使えなくなる。許可の取得方法にも
よるが、最大で 7 割程度、通常は、4 割ほどという結果も出て
いる。つまり約半数が匿名のユーザーになってしまうというこ
とだ。

　その匿名データを可視化するためには、ゼロパーティーデー
タの活用が必須だ。チャットボットやポップアップを使ったア
ンケートでゼロパーティーデータを収集し、それを有効活用す
ることで、Cookie を使わなくてもユーザーが特定できるよう
に機能強化していく方向で開発を進めている。

Chapter. 6

ツール同士が連携しあって、
ステージ間をシームレスにつなげる

　スタックについては、Robee もスタックの一要素として選ばれるように、ほかの主要ツールとの連携を図っている。具体的には、Robee のデータをほかのツールでも使えるようにする機能を付加すると同時に、ほかのツールのデータを Robee に取り込む機能も付加する。ほかのツールとデータをやり取りすることで、より深くユーザーを知り、さらに効果のあるセグメントを見いだして、より強力な施策が実行できる用意をしていく予定だ。

　具体的なツール名を挙げると、CDP（Customer Data Platform、提携する企業間で顧客データを統合するソリューション）の分野では Treasure Data と、CRM の分野では Salesforce とデータ連携を実施し、Robee で取得したデータをそれぞれで扱えるようにしている。

　例えば Salesforce の CRM（Customer360）に、Robee から新規顧客データを渡すことで、データ入力の手間を省くほか、Robee がもっている流入元情報などさまざまなデータを引き継げるので、これまで Robee で行ってきた施策と今後 CRM で行う施策がシームレスにつながる。

　そこに Treasure Data CDP を組み合わせると、社内でサイロ化したデータも合わせて統合管理できる。このようにさまざまなマーケティングテクノロジー（ツール）を組み合わせたマー

ケティング業務基盤がスタックのイメージだ。

　それぞれのツールの画面を見るよりも、統合したダッシュボードがあれば、よりシームレスに使える。ダッシュボードはどの会社が作ったものでも構わないが、Robeeにもダッシュボードを搭載する予定である。Chapter.5のコラムで、Robeeで獲得した新規ユーザーがその後どう推移しているかを見るために、CRMデータをBIツールで分析している方法について簡単に紹介した（147ページ参照）。これが将来的には、Robeeから可能になる。

Webとアプリを横断した施策を可能に

　現在はWebに特化しているRobeeだが、今後ますますスマホアプリが使用されていくことを考えて、スマホアプリとの連携を強化する開発を進めている。それと同時にRobeeのスマホアプリ版も開発しており、分析も施策もスマホやタブレットから行うことを可能にしていく。

　重要なことは、Webで使っているユーザーとアプリで使っているユーザーをシンクロさせること。例えば自宅で買い物をするときは、パソコンからAmazonのWebサイトを利用するが、外出中に急に思い立って買い物するときにはスマホのAmazonアプリを使う人はけっこういる。この場合、デバイスの違いからCookieで判定すると別のユーザーになってしまう

Chapter.6

ため、会員情報で紐付けて、一元管理することが必要になってくる。

　Robee の場合、基本的には新規ユーザー獲得のためのマーケティングツールであることから、会員情報がないことを前提に作らなければならない。このような条件で Web とアプリのユーザーを結びつけることが必要なのだ。

　なぜこのようなことが必要かというと、施策の重複を防ぐためだ。同じユーザーに対してすでに Web 側で実施した施策をアプリ側でも繰り返すと一貫性がなくなるからである。ユーザーの満足度を下げることにもなりかねない。そのため Robee に関しては、Web とアプリを横断して、ユーザーの行動を追跡できるツールを目指して、開発を進めている。

マーケターも進化が必要

　マーケティングツールは日々進化している。その一例として、Robee の方向性について述べた。今後多くのマーケティングツールが似たような方向性、すなわちユーザーデータ収集に関する規制への対応、スタックを意識した他ツールとの連携強化、および Web とスマホアプリの横断を目指して進んでいくものと考えられる。

　ツールが進化していけば、できることが増えていくのは当然だ。そうなると Web マーケティング担当者のやるべきこと、

やれることも増加していく。また Web マーケティングの範囲は今後ますますオフラインも含めたマーケティング全体と重なっていくことだろう。したがって Web マーケティング担当者に求められるものも、マーケティング全般の知識やスキルと要件が増していく。一方でこれまで Web での取り組みがなかったマーケターは、今後は世の中にある Web マーケティングツールを活用せざるを得なくなるだろう。

　つまり近い将来、Web マーケティングいう垣根がほとんどなくなり、単なるマーケターという職種でオフラインからオンラインまでをカバーできる人材が重宝されるだろう。

　ツールが進化し、できることが増え、やるべきことも増えるのであれば、これからのマーケターには、スキルアップが不可欠だ。ではどのような方向性でスキルアップを考えていけばよいのだろう。

　結論を先にいうと、まずベースの能力を身につける。そしてそのうえに専門領域を一つひとつ、少しずつ増やしていくのが望ましい。以下、詳しく考えていこう。

マーケターに求められるベースの能力とは

　マーケターに求められるベースの能力とは何だろうか。

　まず大前提として、スタックという考え方が今後浸透していくことを考えると、ツールを使いこなせるようになる必要があ

る。ただしツール自体の使い勝手は今後どんどん向上していくはずなので、これについてはあまり心配することはない（とはいえ、やはり学習コストも時間もかかるので、できるだけツールの数を少なくする選択が重要だろう）。

そのうえで、データを分析して仮説を立て、それを検証し、また次の仮説を立てる——このPDCAを回す能力をベースとしてもち合わせることが必要だと考えている。

「データが取れるようになりました。これを可視化しますので、仮説を立てて施策を実行し、結果を検証して、次の施策を考えてください」と口で言うのは簡単だが、実行までは、なかなかのハードルがある。

もちろん、ツールベンダーである私は、それを補完するようなツールの開発を目指していて、その構想もある。例えば可視化されたデータを見ながらマーケターがやりたいことを指示すると、仮説を複数立てたうえで、それに対応する施策をツールがレコメンドする。施策を実施した場合のシミュレーションも行い、マーケターはシミュレーション結果を見て、実行する施策を選択すればいいだけ——将来的な展望であり、現状はまだまだ不十分である。

やはり、当面は自身のベースの能力で施策を展開していくことにはなる。ベースの能力をあらためてまとめると、データを読み取って仮説を立て、その仮説に基づいて、可能な限り取り得るアクション（施策）を考える力といえる。

とはいえ何から手を付けたらいいか分からないという方もいるかもしれない。その場合は、コンサルタントを活用し、一緒に仮説検証のサイクルを回しながら、実地でベースの能力を身

につけるのが早道だ。

専門性とは最適感のこと

　ベースの能力を身につけたあとは、マーケティングを実践するうえで必要な要素に関する専門性を一つひとつ、少しずつ身につけていくことがセオリーと考えている。

　例えば Robee を使って、仮説検証を繰り返していくと、そのうち LP はこうあるべきだという姿が見えてくるようになる。それが専門性である。エントリーフォームもサンクスページについても同じだ。いうなれば「最適感」が分かるようになる。つまり専門性を深めることは最適感を見いだしていくことなのだ。

　最適感が分かれば、最適なツールを把握でき、ツール同士を連携させる場合にも最適な組み合わせが選択できるようになる。全体最適を目指すうえでは、当然、専門性が多いほどいい。

　もちろん、あらゆることの専門家になれるわけでない。自身がどの方向で専門性を磨くかは適宜考えなければならない。しかも直近の経営課題を見極めながら、その方向性も考える必要がある。

　どこから手を付けていけばいいかを考えるうえでの指針としては、購買プロセスモデルのステージを一つの専門分野とみなすといいだろう。

Chapter. 6

認知、興味、検索、比較、検討、行動、共有の各ステージで、取り組むべき施策は異なる。つまりそれぞれのステージでの最適解＝専門性も異なる。

　各ステージで達成すべきKPIを定め、その達成に向けて試行錯誤しながら施策を進めていく。近道というものはなく、それが専門性を身につけるための早道であると考えている。

日本には専門性の高い ジェネラリストの輩出が必要

　まずベースの能力を身につけて、少しずつ専門性を身につけていけば、最終的には「専門性の高いジェネラリスト」といった人材に到達できる。

　私たちの会社に業務委託契約で協力いただいている30代後半の方が、まさに理想の「専門性の高いジェネラリスト」で、彼は購買プロセスモデルのすべてのステージに対する最適解をもっており、そのうえシステム開発もできるという超人だ。経営判断について相談しても、それに従えば高確率で経営が良くなるだろうと思えるアドバイスをしてくれる。

　日本の将来を考えるとこのような、専門性の高いジェネラリストであるマーケターが経営の一角を担うべきだというのが私の考えだ。マーケターが経営者になってほしい理由は、企業の経営課題の解決にマーケティングの考え方が寄与するからだ。

今はイノベーションを起こして新市場を開拓し、売上を拡大していかなければ、会社は生き残れない時代だ。そうしないとイノベーションを成し遂げたライバルに自社の市場を根こそぎもっていかれてしまう。

　ユーザーと乖離したイノベーションは存在しない。したがってイノベーションを促進することが求められる経営者は、ユーザーのデータを収集し分析することについて深く知っておかなければならない。今後、マーケティングスキルを有した人材が、経営層には不可欠だと考えている。

　少し話が大きくなってしまったが、Webマーケティングを担当される方には、少なくとも自分は経営課題の解決に関わっているのだという意識だけはしっかりもっていただきたい。そのうえで、自分がやれることがあれば積極的に取り組み、実際には大変なことも多くあるだろうが、基本的には楽しみながら日々仕事をしていただければと願っている。

　私たちの開発したツールがいつかあなたの手に届き、それを使うことであなたが楽しく仕事をしながら成果も残せるとしたら、それに勝る幸せはない。

Chapter. 6

おわりに

　Webマーケティングのコンサルティングをやっていて分かることは、日本ではまだまだ勘と経験に基づくマーケティングにとどまってしまっていることが多いということだ。

　もちろん、仮説の組み立てにそれらが必要なことも確かではある。インターネットの急速な発展で取得できるデータは加速度的に増大するようになった。しかしながら、その取り扱いについては、今も試行錯誤しながら日々変化している。このような状況下においては、データを存分に活用できずにマーケティングが展開されることも、仕方がないことなのかもしれない。

　そうはいっても、Webマーケティングを実践している企業でGoogle Analyticsを利用していない企業は存在しない。PV、UU、セッション数、CV数、CVR、CPA、離脱率、直帰率など、さまざまな数値をGoogle Analyticsで確認することができる。

　数字の確認は行われており、それによってどこが問題なのかが分かる。PVやCVR、CPAなどはマーケティング部門のKPIになる数字でもあり、数値目標を達成するためにマーケターたちは数々の試行錯誤を行い、その結果に一喜一憂している。それなのに私はなぜ勘と経験に基づくマーケティングが主流だと申し上げているのか。

　それは施策がデータに基づかないからだ。本編にも書いたが、例えばCVRが低いので、LPを見直すことにした。そのときに行われることが、申し込みボタンの色を赤にするとか、「次のページへ」というテキストを「申し込み」「購入」といった強い言葉に変えるとかそう類いのことなのだ。これらには、私た

ちが実際に試したところ、有意な効果はまったく見られなかった。

　この例などは、「勘と経験」より始末が悪く、「さもありそうな一般論」をなぞっているだけである。無理にこじつけると、「赤い色は目立つ」という経験によってその施策を実施しようと思ったというぐらいだろう。「勘と経験」をかっこよくいえば「ベテランの暗黙知」となるが、そのようなすばらしいものでないのは明白だ。

　いずれにしても、結果的にデータというFACTに基づかず、とりあえず手を打って、結果が出ればよしとしようということになってしまっている。極端な例ではあったが、実際にはデータをしっかり活用したいのだが、仮説を立てるために有効なデータをどうしたら集められるのかが分からない企業のほうが多いと感じている。

　その方法の一つとしてWeb接客ツールというものを紹介したのが本書である。データを活用する、と聞くと、ハードルの高さを感じる方もいるだろう。データサイエンスや機械学習といった概念が一般のビジネスパーソンにも浸透してきた昨今、データ活用というと高度な数学を駆使しないとできないという誤解も同時に広がっているような気がしている。

　もちろん高度な数学・統計学を駆使しないとできない分析もあるが、そういった分析は、多くの場合専門家に委託して実施するものだ。日々の業務で、常にそんな高度な分析が求められるかといわれると、疑問を抱く。

　本書を読まれた方は、「データを活用するといっても、ツールがあれば意外と簡単なんだな」という印象をもたれたのでは

ないかと思う。そうであれば、本書を書いた意図は十分達成されたといえる。ツールを活用することで、簡単にデータ活用を伴う本格的なマーケティングができる、だからツールを活用しない手はない——というのが、私が最もいいたかったところだからだ。

　自社の経営課題をいちばん分かっているのは経営者だが、Webマーケティング担当者はその次ぐらいに分かっている人たちではないかと思う。あらゆるマーケティング業務を兼務しながら日々の業務に励んでいる方は特にそうだろう。

　ところがそのような方々が、データを活用しきれず、「さもありそうな一般論」をなぞった施策を実施し、次の施策につなげることができない結果を見て時間を費やしている——こんな非効率なことがほかにあるだろうか。

　そんな非効率を少しでもなくしたく、まずはWeb接客を理解していただくことで確実に売上を増やし、しかもLTV（顧客生涯価値）を高められるような質の高い売り方をしていただきたいと考えたのが本書執筆の動機だ。本書で紹介したRobeeも同じ想いで開発したものである。

　もはやマーケティングにツールは必要不可欠な時代になった。ツールに任せることでマーケターのやれる範囲が広がっていき、マーケターからはさらに高度な要望がツールに対して寄せられるようになる。その要望を取り入れたツールがまたマーケターがやれる範囲を広げ、ツールへの要望がさらに高度になっていく——このような好循環でマーケターもツールもどんどん高度になっていくことを夢見て日々、私たちは開発に取

り組んでいる。

　Robee は、説明を具体的にするために紹介したものだが、私にとっては愛着のあるツールだ。宣伝のつもりは毛頭ないのだが、もし少しでも宣伝だと感じるところがあれば、それは私の不徳の致すところ。ご容赦いただければ幸いだ。

　「文章だけではよく分からなかった」「もっと詳しく教えてほしい」というご要望があれば、ぜひ気軽にお声掛けしてほしい。ともに手を携えて、日本のマーケティングをより良いものにしていけたらと願っている。

高原英実（たかはら ひでみ）

株式会社 Macbee Planet　執行役員プロダクト本部長
1989 年、福岡県生まれ。2014 年 3 月、早稲田大学大学院情報生産システム研究科を修了後、不動産物件ポータルサイトのシステム開発業務に 2 年間携わる。その後、2016 年 4 月、Macbee Planet 初の Web エンジニアとして入社。主に、自社プロダクト「ハニカム」「Robee（ロビー）」の開発に従事。現在は、執行役員プロダクト本部長を務めている。

本書についての
ご意見・ご感想はコチラ

最強のWebマーケティング

2021年4月26日　第1刷発行

著　者　　高原英実
発行人　　久保田貴幸

発行元　　株式会社 幻冬舎メディアコンサルティング
　　　　　〒151-0051　東京都渋谷区千駄ヶ谷4-9-7
　　　　　電話　03-5411-6440（編集）

発売元　　株式会社 幻冬舎
　　　　　〒151-0051　東京都渋谷区千駄ヶ谷4-9-7
　　　　　電話　03-5411-6222（営業）

印刷・製本　瞬報社写真印刷株式会社
装　　丁　　後藤杜彦

検印廃止